Biblioteca de Filosofía del Derecho

Carlos Alarcón Cabrera
(Director)

Carlos Antonio Agurto Gonzáles
Sonia Lidia Quequejana Mamani
Benigno Choque Cuenca
(Coordinadores Generales)

SERGIO COTTA
Profesor Emérito de la Universidad de Roma
"La Sapienza"

JUSTIFICACIÓN Y OBLIGATORIEDAD DE LAS NORMAS

EDICIÓN AL CUIDADO DE
CARLOS ANTONIO AGURTO GONZÁLES
SONIA LIDIA QUEQUEJANA MAMANI
BENIGNO CHOQUE CUENCA

Ediciones Olejnik

JUSTIFICACIÓN Y OBLIGATORIEDAD DE LAS NORMAS

TRADUCCIÓN DE ANTONIO FERNÁNDEZ GALIANO

© Ediciones Olejnik
Huérfanos 611, Santiago-Chile
E-mail: contacto@edicionesolejnik.com
Web site: http://www.edicionesolejnik.com

Primera edición en Ediciones Olejnik: 2019

ISBN: 978-956-392-612-5

Diseño de Carátula: Ena Zuñiga
Diagramación: Janett Ruiz Rebaza

Impreso en Argentina 2019 Printed in Argentina

Índice

Prólogo

La investigación contenida en este libro tiene por objeto un elemento de la juridicidad que no puede dejar de considerarse característico y esencial: la *obligatoriedad* de las normas y de los ordenamientos jurídicos. Como se verá en las páginas que siguen, las teorías generales del derecho hoy dominantes no parecen ofrecer una solución satisfactoria a aquella cuestión, que suelen reenviar de modo más o menos explícito a la competencia de las investigaciones metacientíficas. Y aunque con ello se reconoce implícitamente la imposibilidad de romper el vínculo de continuidad cognoscitiva entre ciencia jurídica e investigación filosófica, se deja sin embargo imprecisa la identificación de lo que permite distinguir el derecho y, en general, la experiencia jurídica, de otras formas de prescripción y reglamentación ordenadora del comportamiento humano. La cuestión no atañe sólo a quien considere el derecho desde el punto de vista filosófico, sino también al jurista positivo, cuyo trabajo, de otro modo, versaría acerca de un objetivo con contornos mal definidos o definidos de manera sólo convencional y, por tanto, siempre discutibles, o bien estaría constreñido a reducirse a un ejercicio estrechamente exegético que contradice las mejores tradiciones de la ciencia jurídica, sea o no moderna.

La tesis aquí expuesta es que la obligatoriedad de las normas deriva de su justificación racional y que tal justificación encuentra su fundamento en la insoslayable estructura coexistencial del vivir humano. En este sentido, el presente trabajo constituye un desarrollo posterior de la investigación sobre el derecho que venimos realizando desde hace años. Las principales etapas teoréticas del mismo están constituidas por las tres ediciones de nuestras *Prospettive di filosoffia del diritto* (Torino, Giapelli, 1971, 1974, 1979) y por los libros *Itinerari esistenziali del diritto* (Napoli, Morano, 1972), *Perchè la violenza? Una interpretazione filosófica* (L'Aquila, Japadre, 1978), *Perchè il diritto* (Brescia, La Scuola, 1979).

Pero el libro constituye también una confirmación, por distintos caminos, de los resultados obtenidos en los trabajos mencionados. En efecto, en ellos seguía principalmente la vía que conduce a entender el derecho, en cuanto experiencia particular, partiendo de la comprensión de las condiciones fundamentales de la existencia en su conjunto. Aquí he recorrido, en cambio, el camino inverso: partiendo de la concreción del derecho y, más específicamente, de sus normas, que son la expresión más elemental y directa del mismo, he intentado mostrar que un análisis atento de la realidad jurídica pone de manifiesto su esencial vinculación con las condiciones fundamentales del vivir humano. Esta segunda vía acaso pueda resultar más familiar al jurista, por lo que me ha parecido oportuno seguirla, dado el tema tratado.

Por otra parte, uno y otro itinerario no sólo son ambos legítimos sino también complementarios, como ya tuve ocasión de sostener como línea básica en mis *Prospettive* (pp. 82-84). Recorriendo ambos caminos, en efecto, se hace posible contemplar desde perspectivas distintas —la de la experiencia existencial global, con la primera vía; la de la experiencia jurídica particular, con la segunda— el objeto principal de la reflexión: el hombre en su ser y en su actuar jurídico. La integración de estas dos perspectivas ofrece, a nuestro juicio, una visión más completa y más profunda de aquél (y, por consiguiente, también de su actividad jurídica). De todos modos, para subrayar la complementariedad de ambos puntos de vista, hemos considerado oportuno añadir como apéndice un reciente artículo en el que, de modo muy sintético, se contempla el derecho a partir de una reflexión sobre la estructura del existir.

El presente trabajo tiene sus antecedentes en dos comunicaciones presentadas, una al XVI Congreso mundial de Filosofía (Düsseldorf, 1978), titulada *Le probléme de la justification scientifique des normes* (publicada en la «Rivista internazionale di Filosofía del diritto», 1979, pp. 5-20); y la otra, al Congreso mundial de Filosofía del derecho (Basilea, 1979) bajo el título *Six Theses sur les rapports entre droit naturel et droit positif*, todavía inédita. La línea común de reflexión que orienta ambas comunicaciones encuentra ahora y aquí, un desarrollo más amplio y más orgánico.

Al dar a la imprenta estas páginas, me complace dedicarlas a todos aquellos que, con su generosa laboriosidad, hacen del Instituto de Filosofía del Derecho de la Universidad de Roma, que dirijo, un lugar de humanidad y un centro vivo de fervorosa investigación.

Roma, octubre de 1981
Sergio Cotta

Prólogo a la edición española

La publicación de este libro en español es para mí motivo de gran satisfacción pues es una señal de la sintonía de mi labor filosófica con la cultura española. Otros libros míos han sido publicados anteriormente en España: *Itinerarios humanos del derecho,* con una buena introducción de Jesús Ballesteros, *El hombre tolemaico* y *Las raíces de la violencia.* Pero el presente libro, y en parte el titulado *Il diritto nell'esistenza,* en curso de publicación en otra editorial, conectan de manera más específica con un tema caro para la tradición iusfilosófica española: el tema del derecho natural. La enseñanza de la filosofía del derecho está unida desde hace siglos, en las universidades ibéricas, a la reflexión sobre el derecho natural. Y la tradición iusnaturalista clásica ha tenido en España, en efecto, un renovado fulgor y difusión universal gracias a la inolvidable contribución del pensamiento de sus grandes filósofos del derecho y de la moral.

Mas, como es bien sabido, desde hace unos dos siglos el iusnaturalismo ha sido marginado en Occidente como un pensamiento muerto, incapaz de ser continuado ni renovado, por el influjo dominante del idealismo y del positivismo filosófico así como del iuspositivismo de los juristas, más o menos tributario de aquellas filosofías. La idea misma de una ley y de un derecho naturales ha sido perentoriamente declarada contradictoria, carente de sentido y, por tanto, de valor normativo o, por lo menos, directivo.

Pero no por ello han desaparecido los problemas afrontados por el iusnaturalismo, que ha tenido y tiene, a mi juicio, el mérito fundamental de no haber separado en la conciencia del hombre su experiencia jurídica de su experiencia moral. La antigua y perenne pregunta —¿por qué hay que obedecer a la ley?— no encuentra respuesta satisfactoria si el origen de la ley se atribuye a la voluntad y al poder del legislador: también los tiranos (del pasado y del presente) y las grandes asociaciones criminales llegan a obtener la obediencia a sus voluntades porque disponen de poder. Por otra parte, el subjetivismo epistemológico y ético de nuestro tiempo es fuente de conflicto entre verdades y valores que puede superarse mediante acuerdos sólo temporales y siempre cuestionables; la fuerza acaba por ser la última garantía de los mismos. Pero el derecho, ¿es ciertamente sólo fuerza?

Estos son los problemas de fondo afrontados en el presente libro. También yo, hace bastantes años, estuve apartado del iusnaturalismo, pero una prolongada meditación sobre la experiencia jurídica concreta me ha llevado a redescubrir sus razones y me ha inducido a exponerlo en este libro de una forma renovada. Una obediencia *consciente* a la ley proviene del reconocimiento, no ya de su fuerza coactiva, sino dé su obligatoriedad y ésta no puede imponerse sino que se demuestra mediante un proceso riguroso de justificación. De ese modo, la ley vuelve a adquirir su carácter humano de acto de razón, pero de una razón cuyo criterio de verdad está en la naturaleza específica del hombre; si así no fuera, correría el riesgo de dispersarse en el conflicto de las opiniones y de los intereses contingentes, haciendo imposible la coexistencia humana.

De otro lado, los derechos humanos, gran aspiración de nuestro tiempo y fundamento de toda auténtica democracia, son la expresión de esa naturaleza, universalmente común a todos los existentes. El derecho natural no está, pues, muerto, sino que vive de nuevo en la conciencia del hombre contemporáneo y puede iluminar su porvenir si es verdad —como ya hoy parece evidente— que tal porvenir es, por una parte, planetario y, por otra, se halla amenazado por la gran capacidad transformadora de la técnica, en especial de la ingeniería genética, que avizora (también) la dramática posibilidad de un hombre manipulado hasta el punto de ser privado de la libertad.

En este libro no me he ocupado de problemas tan vastos, habiéndome limitado a una tarea propedéutica con la intención de mostrar cómo a través del proceso de justificación del derecho positivo se revela éste como *derecho natural vigente,* confirmando con ello su misma y fundamental esencia coexistencial en el pleno respeto de las exigencias de la conciencia humana de hoy y de siempre.

Sergio Cotta

Nota del traductor

Como el profesor Cotta advierte en el prólogo que ha escrito para esta edición, son varias las obras que tiene traducidas al castellano, por lo que es conocido del público español, aparte del contacto que los especialistas tenían ya de él por la lectura de sus trabajos en italiano. Sería, por tanto, impertinente intentar presentarle con motivo de esta traducción; pero acaso no es ocioso decir algunas palabras acerca del presente libro en concreto.

Aborda Sergio Cotta en el mismo uno de los problemas capitales de la filosofía jurídica, que no suele ser tratado de modo específico acaso por su propia obviedad: el problema de la obligatoriedad de las normas y, como presupuesto inexcusable, el de la justificación de las mismas, pues es evidente que nadie puede sentirse obligado por una prescripción sino cuando aprecia en ella una racionalidad suficientemente convincente (una justificación) como para considerarla una norma jurídica y no una mera imposición. En definitiva, se trata de la pregunta capital que razonablemente pueden formularse —y se formulan— no ya los juristas, sino quienes, sin serlo, se saben sometidos al derecho: ¿por qué he de obedecer a unas normas que recortan mi libertad al limitar o encauzar en una determinada dirección mis posibilidades de actuación dentro de la convivencia social? El prestigio o descrédito que el derecho tenga ante "la gente" dependerá de que la filosofía jurídica sepa dar o no una respuesta aceptable por todos a este interrogante.

Cómo sea esa justificación, qué tipos de ella existen, cuáles son sus requisitos y cuáles sus resultados, además de una infinidad de puntos en torno a estos temas, constituyen el contenido de las páginas que siguen. No voy, naturalmente, a referirme a ese contenido, que el lector podrá asumir de modo directo sin necesidad de guía ni intérprete, pero sí deseo subrayar que, como una de sus conclusiones, el profesor Cotta expone un nuevo punto de vista para la interpretación del iusnaturalismo, dando prueba con ello de que la vieja tesis sigue manteniendo una vigencia y de que la idea del derecho natural posee una ductilidad que le negaron tanto la llamada "doctrina tradicional" como el pensamiento racionalista. Paradójicamente, una y otra tesis, que asumieron la defensa más cerrada del iusnaturalismo, fueron las que más posibilidades abrieron a la crítica de la idea multisecular, al ofrecer una imagen de excesivas rigideces que, por fortuna, ha sido superada por posiciones posteriores en las que continúa presente el derecho natural, pero adecuadamente modulado, de modo que puede cohonestarse con la aceptación de factores de flexibilidad muy alejados del fixismo de aquellos siglos. Cualquier conocedor de la materia sabe hasta qué punto el iusnaturalismo de hoy —sin abdicar de la tesis capital de que el derecho positivo no agota la totalidad de lo jurídico— es capaz de responder desde ángulos muy diferentes a la pregunta sobre el fundamento último de la norma jurídica, sobre la inserción en la misma de factores metapositivos, pudiendo llegar a afirmarse, como hace el autor de este libro, que el derecho positivo puede ser llamado con propiedad "derecho natural vigente".

Y no cabe decir, en verdad, que las afirmaciones que Cotta hace pecan de ligeras o poco fundadas. Como comprobará quien lea estas páginas, el autor no escatima ni una sola ocasión de ir hasta el fin de los argumentos, sin rehuir niguna posible crítica e incluso autoproponiéndose objeciones a su propio discurso, de modo que las conclusiones a que llega podrán o no compartirse, pero en ningún caso pueden ser tildadas de infundadas. Este sistema expositivo —auténtica meticulosidad dialéctica— obliga a una lectura detenida que permita seguir el hilo argumental, salpicado con frecuencia de incursiones en los temas o problemas que van surgiendo en torno a aquél para retomarlo de nuevo.

Hemos conservado las citas del original, pero cuando la obra mencionada está traducida al castellano se hace mención de la tradución, localizando en ella las páginas a que corresponden los pasajes citados para mayor comodidad del lector español. En esta enojosa tarea ha sido muy valiosa la ayuda prestada por Coral Gimeno, a quien expreso desde aquí mi gratitud por esa colaboración.

Antonio Fernández Galiano

Introducción

No parece que el tema de la justificación de las normas haya atraído demasiado la atención del jurista contemporáneo en el plano teórico (cosa distinta ocurre en el práctico) de una teoría general de la norma y del derecho. Lo cual se explica porque, en general, la justificación de la norma, de su contenido preceptivo y de su finalidad ordenadora, viene siendo considerada por el jurista actual como una cuestión de naturaleza no específicamente jurídica.

Se entiende de ordinario que tal cuestión es de naturaleza política o ideológica. En efecto, si la ley es la «voluntad del soberano» (ya sea éste el de los filósofos al estilo de Rousseau o de Hegel, o bien el de los juristas en el sentido de Austin o Thon), si el derecho es «una técnica de control social», con fórmulas más modernas (aunque sustancialmente no muy diferente de la primera), es evidente que la justificación de las normas deriva de la razón política y se sitúa dentro del ámbito del debate político.

Ciertamente, el jurista no está ni se considera necesaria y totalmente excluido de tal debate, sobre todo si éste se presenta bajo el perfil de la «política del derecho», como hoy suele decirse (sería más exacto, dicho sea de pasada, llamarla «política *mediante* el derecho» o, de modo más tradicional —ya que no es del todo una novedad—, «política legislativa»). Pero el jurista está en condiciones de participar en tal debate en tanto en cuanto se haga «político» y esté asimismo dotado de un cierto saber técnico, como ocurre con el médico o el ingeniero que se lanzan a la arena política. De otra parte, es obvio que se puede dar también una justificación de las normas en clave histórico-sociológica (sobre el plano cognoscitivo) y en clave moral (sobre el plano axiológico); pero, en ambos casos, la justificación no será competencia del jurista en cuanto tal.

En esta perspectiva, al jurista en cuanto jurista le correspondería únicamente verificar la validez formal de la norma, ya por razón de su correcta derivación a partir de la fuente autorizada, conforme al principio de delegación de la potestad normativa, ya por su coherencia sistemática con el ordenamiento jurídico en su conjunto. En una palabra, bajo todos los aspectos mencionados (histórico-sociológico, moral, político) la justificación de la norma no es relevante para la naturaleza *jurídica* de ésta (determinable sólo formalmente) ni es parte de su estructura, que queda reducida, aunque de varios modos, al nexo prescripción-sanción.

Es evidente que el positivismo y el formalismo jurídicos han contribuido eficazmente a la difusión de este modo de ver las cosas[1]. En efecto, mientras estuvo vigente la creencia en el derecho natural, cualquiera que sea el modo como fuera entendido, se imponía el problema de la justificación de las normas de derecho positivo ya que éstas sólo se consideraban jurídicas si se justificaban por su correspondencia con el derecho natural. Y puesto que éste era parte fundamental de la cultura del jurista, el tema de la justificación era de su competencia en cuanto jurista. Pero, una vez desaparecida o eclipsada la tradición iusnaturalista, el ser de la norma en cuanto norma —y no en cuanto simple hecho o mandato arbitario o mera constricción material— aparece establecido y asegurado por el control de los requisitos formales y del dato estructural más arriba señalados.

Sin embargo, tal control no podía dejar de parecer insuficiente por el simple hecho de que la norma es un sintagma lingüístico y, como tal, siempre es preciso descifrarlo para determinar su significado. Ahora bien, en el caso de un sintagma de naturaleza prescriptiva, y eso es precisamente la norma, el descifre de su significado alcanza una particular importancia puesto que se trata de averiguar qué es lo que efectivamente prescribe la norma y dentro de qué limites. Por ello, la atención del jurista contemporáneo ha estado siempre atraída por el tema de la interpretación de las normas. Piénsese en la obra de un Betti y, en un campo decididamente filosófico y por tanto general, pero con relevante atención al caso jurídico, de un Gadamer en Alemania o de un Pareyson en Italia.

Los estudios realizados en ese campo han puesto de relieve el valor *cognoscitivo* de la interpretación en sus varios momentos o aspectos —gramatical, lógico, sistemático—, que constituyen otros tantos niveles sucesivos de profundización en el significado encerrado en el texto normativo. A este respecto, resulta significativa la definición que da Paul Ricoeur: «La interpretación consiste en la *actividad intelectual* que tiende a descifrar el sentido escondido en el sentido aparente y a manifestar los *niveles* de sentido implicados en el significado literal»[2]. Pero lo que acaso interesa más poner de relieve, a los fines que nos proponemos, es que las actuales teorías de la interpretación no se han limitado a aclarar su complejo valor cognoscitivo sino que han descubierto tam-

1 Sobre la relación existente entre formalismo y subordinación del derecho a la política, v. nuestras *Prospettive di filosofía del diritto*. Torino, 1979, pp. 164-8.

2 P. Ricoeur: *La sfida semiologica*. Roma, Armando, 1974, p. 139; el subrayado es nuestro.

bién un valor que puede llamarse de innovación e incluso de invención (en el significado literal de *in-venire,* encontrar) no sólo semántica sino también *normativa* en el sentido de que establece el deber ser innovado o «inventado» de la norma interpretada. Se trata de la llamada interpretación evolutiva, en sus varios grados tradicionalmente designados como *secundum legem, praeter legem* y *contra legem*[3].

Entendámonos: el tema de la interpetación jurídica no es nuevo sino bastante antiguo. Data cuando menos del tiempo en que cesó la creencia en el simbolismo más o menos sacral de la «palabra» y de las formas jurídicas. Tal simbolismo evocaba una realidad jurídica metapositiva o directamente una realidad metajurídica, ambas intocables (aunque interpretables, pero sólo por los iniciados en lo sagrado), las cuales hacían que, para el jurista, las palabras y las, formas jurídicas fuesen rígidamente fijas y unívocas. A partir de entonces, la interpretación, ya cognoscitiva ya normativa, entró en el patrimonio común del jurista.

Sin embargo, el interés actual por la interpretación es especialmente significativo por la situación que se da en nuestros días, tras las grandes codificaciones o la progresiva sistematización de los ordenamientos jurisdiccionales y el asentamiento del formalismo. No hay duda, en efecto, de que la interpretación (en particular la evolutiva) comporta por lo menos un debilitamiento del formulismo puro así como de la rigidez de los códigos —cuya estructura interna pretendía realizar el ideal racionalista de un texto jurídico omnicomprensivo y *ne varietur*— y del sistema de los precedentes judiciales con su principio del *stare decisis.* Ciertamente, la interpretación cognoscitivo-lingüística no puede dejar de tener en cuenta las variaciones de contenido semántico de un organismo cambiante como es el lenguaje; y, por otra parte, la interpretación evolutiva tiene como finalidad acomodar el texto normativo a las mudanzas operadas en las situaciones por él reguladas.

Desde este punto de vista, apenas interesa destacar la influencia de la sustitución de la concepción racionalista por la historicista. Aquí está, a nuestro juicio, la razón más profunda tanto de la renovada importancia que la doctrina y la jurisprudencia dan al momento legislativo como del actual debate acerca de la naturaleza de la ciencia jurídica, es decir, si se trata de una ciencia meramente cognoscitiva de normas o bien una ciencia normativa que propone normas jurídicas.

Aparte de ello, el resultado que creemos más importante (aunque no explicitado) obtenido de la teoría y del uso práctico de la interpretación es que la norma jurídica vigente no es un dato monolítico íntegramente expresado por la proposición prescriptiva. Por el contrario, es un

3 No interesa entrar aquí en la discusión dogmática de esas categorías.

plexo dual, por así decirlo, constituido por dos elementos inseparables: el enunciado lingüístico (en su estructura deóntica prescriptivo-sancionadora), obra del legislador, y la interpretación de tal enunciado, obra de la doctrina y de la jurisprudencia. Para expresarnos con una fórmula, podría enunciarse: norma = enunciado deóntico + interpretación.

Obsérvese que esta fórmula excluye dos posiciones extremas opuestas. En efecto, por un lado excluye el literalismo jurídico y, por otro, la tesis conforme a la cual el texto es un simple pretexto para una interpretación totalmente libre del mismo. Ambas posiciones son insostenibles; la primera, porque la norma es un texto lingüístico y, como tal, siempre ha de descifrarse semánticamente; la segunda, porque el texto lleva siempre en sí mismo el significado normativo querido por la autoridad que lo formuló.

No obstante, la caracterización de la norma como un plexo dual (enunciado + interpretación), aunque importante, no nos parece definitiva y se presta a dos observaciones que a su vez llevan a otras. En primer lugar, es de observar que la interpretación cuenta con un presupuesto necesario: el *existir-ya* de una norma (aunque sea torpe o discutible) reconocida como *jurídica* por emanar de la autoridad competente y estar dotada de la estructura prescriptivo-sancionadora. Tal presupuesto se da incluso en el caso de la interpretación *contra legem,* la cual sólo es pensable a partir de la existencia de la *lex* que pretende contradecir. Por ello, la dualidad que hemos señalado contempla la norma *en acto,* es decir, en la vida *subsiguiente* a su nacimiento. En cuanto a los requisitos necesarios para que un enunciado prescriptivo asuma la específica naturaleza jurídica de una norma, la interpretación no dice nada que no esté ya comprendido en el esquema «legitimidad de la fuente —estructura prescriptivo-sancionadora». En términos de teoría general, puede decirse que la interpretación atiende más a la vigencia del contenido de la norma que a su validez formal, la cual no necesita de justificación sino sólo de control.

La segunda observación que procede es que la interpretación, en su progresivo ascenso de nivel —a partir del sistemático y sobre todo en los diferentes grados de la interpretación evolutiva—, va modificando cada vez más el significado normativo del texto inicial hasta presentar, cuando se realiza *contra legem,* una norma totalmente nueva. En tales casos, por tanto, la interpretación va más allá de los límites y de los criterios de la hermenéutica puramente lingüística; por eso, por estar propuesto y sobre todo por estar asumido, el nuevo significado (o la nueva norma) necesita *justificarse* por razones normativas. Y de hecho siempre sucede así, aunque la importancia teórica de la justificación no aparezca clara al quedar englobada en el concepto de interpretación.

Ciertamente, cuando la doctrina propone un significado de la norma distinto del que es inmediata o comunmente captable, es indudable que, para convalidarlo, se ve en la absoluta necesidad de dar las razones por las que el verdadero significado normativo del texto legal es (o sería) ese y no otro. O, dicho de otro modo, la posible validez normativa del precepto propuesto por la interpretación de la doctrina depende de la solidez de la justificación que ofrezca. Mayor y más acuciante relevancia adquiere la justificación de la norma *ex interpretatione* cuando nos situamos en el terreno judicial, pues es difícil negar que la motivación de la sentencia traspasa con bastante frecuencia los límites de la hermenéutica lógico-semántica para llegar a una auténtica justificación de las razones normativas del fallo. Precisamente por eso el debate procesal, en sus diferentes grados, versa en gran medida acerca del fundamento de la justificación dada en la motivación.

La importancia de la justificación en la interpretación, ya doctrinal ya judicial, se pone de manifiesto en el que Perelman, con expresión feliz, ha llamado el «principio de inercia» de los sistemas normativos: «*il ne faut rien changer sans raisons*»[4]. Desde este punto de vista, es lícito afirmar que, en sus niveles más altos, la interpretación no puede conferir naturaleza normativa al texto *ex interpretatione* si no ofrece una justificación válida del mismo. Adviértase que con esta segunda observación sobre la que venimos discurriendo se ha dado un paso adelante decisivo respecto a la primera. En la medida en que la norma *ex interpretatione* difiera en algo del puro y simple texto inicial (legislativo o judicial) *en lo que concierne a su validez normativa,* la interpretación contempla, sí, la vida *subsiguiente* de la norma pero también y al mismo tiempo, el *origen* de una norma en algún sentido distinta. Lo cual aparece de modo difícilmente controvertible cuando la interpretación judicial alcanza los niveles a los que más arriba nos hemos referido. En tal caso, si se considera la sentencia como una norma, aunque sea particular, debe reconocerse que la justificación contenida en la motivación de la misma es lo que origina básicamente el valor normativo del fallo, junto con el requisito formal de la legitimidad del juzgador.

¿Qué es lo que se ha querido poner de manifiesto con esta rápida ojeada sobre la interpretación? Que la justificación, aunque relegada por la teoría, está presente de hecho y en gran medida y tiene un papel relevante en el discurso y el razonamiento del jurista (científico y operador jurídico), afectando incluso a la determinación de la validez normativa de un texto legal.

Por otra parte, es fácil constatar que el legislador, cuando establece una norma nueva, se preocupa siempre de justificarla. En los regí-

---

4 Cfr. *Justice et raison*. Bruxelles, 1963, p. 250; también pp. 149-50, 178-80, etc.

menes parlamentarios, el escrito que acompaña a un proyecto o a una proposición de ley expone con precisión su justificación; y es sobre ella, sobre las razones en las que se articula, sobre lo que se desarrolla el debate parlamentario, por lo que es lícito afirmar que la norma surge *en su substancia* (aparte .de que se den las condiciones formales), sólo cuando el Parlamento ha llegado a un acuerdo acerca de la justificación de la misma. La presencia determinante —casi diríamos la indispensabilidad— de la justificación se evidencia en grado máximo en los sistemas parlamentarios pero también se manifiesta en otros regímenes totalmente diferentes: en la asamblea de los ancianos como en el *Consilium regis* o en el Comité central del partido único en un régimen totalitario, la adopción de una decisión de carácter normativo se asienta siempre en una justificación sobre la que versa el debate, si bien con formas y relevancias diferentes.

¿Se trata, en los casos aludidos, de una justificación meramente política? Es demasiado pronto para responder, pero desde ahora se puede afirmar que de hecho, en el plano de la observación empírica, la justificación aparece presidiendo de algún modo el nacimiento de la norma *jurídica;* y aún podría decirse que no sólo en los casos a los que nos acabamos de referir sino siempre, e incluso es posible hallarla en el origen de las normas consuetudinarias; de modo que el «principio de inercia» enunciado por Perelman nos parece empíricamente confirmado. No creemos que una teoría del derecho pueda quedar indiferente ante este dato empírico, renunciando a sistematizarlo. Por ello, podemos en este punto enunciar la tesis de que la norma se considera un plexo no ya dual sino *triádico,* compuesto por los siguientes elementos: enunciado deóntico, justificación e interpretación.

Es necesario, sin embargo, verificar en el plano teórico la validez del dato empírico, preguntándonos si la justificación es o no necesaria para la existencia de la norma *jurídica,* si es o no un elemento esencial para la juridicidad de la norma. Hay, en suma, que problematizar el dato empírico de la presencia de la justificación planteando acerca de ella la pregunta radical; parafraseando la famosa fórmula de Heidegger «¿por qué el ente y no la nada»?, a propósito del derecho de Werner Maihofer[5], planteamos el interrogante: «¿por qué la justificación y no su ausencia?» La discusión acerca de los modos y la validez de la justificación no podrá tener sentido sino después de haber contestado esa pregunta.

---

5 En *Recht und Sein, Prolegomena zu einer Rechtsontologie.* Frankfurt a.M., 1954, pp. 38-39.

I

¿Por qué la justificación?

SUMARIO: 1. La cuestión empírica. 2. La cuestión teórica. 3. La cuestión de la libertad.

1. La cuestión empírica

Para responder a la pregunta que antes se planteaba convendrá partir de una constatación absolutamente elemental: la norma jurídica es, sin duda, una proposición prescriptiva (*ought-statement, Soll-Satz),* pero no toda proposición prescriptiva es una norma *jurídica (Soll-Norm).* La diferencia entre una y otra está en la obligatoriedad de la norma. Esto está claro, pero, ¿de dónde deriva tal obligatoriedad? Parece oportuno examinar la cuestión, ante todo, en el plano de la observación empírica y. a riesgo de ser banales, procederemos gradualmente.

En primer lugar, obsérvese que la pura calificación lógica de la proposición normativa (su prescriptividad), aunque necesaria, no es suficiente desde el punto de vista empírico para hacerla aparecer como obligatoria y, por consiguiente, jurídica. En efecto, el enunciado «dame el portafolios» tiene naturaleza y función prescriptiva, pero nadie, ciertamente, lo considera una norma porque, con toda razón, no le reconoce obligatoriedad ni se siente, por tanto, obligado a respetarlo.

En segundo lugar, es evidente que tampoco la mera promulgación de la norma, aunque también necesaria, basta para establecer su carácter obligatorio, para hacerlo reconocer y, por ende, para que aquélla se acepte. No es difícil demostrar esto basándonos en la constatación de los hechos y siempre en el plano empírico. En la realidad, las normas son frecuentemente transgredidas y su incumplimiento no procede exclusivamente de la ignorancia, del error o de la incapacidad de entenderlas o de respetarlas por parte del destinatario de las mismas; si fuese así, sería posible eliminar la transgresión —o, por lo menos, hacerla estadística y socialmente irrelevante— mediante una adecuada actividad de divulgación, de instrucción o de suplencia, como se da en el caso del menor o del incapaz. Muchas veces, las normas son transgredidas de modo voluntario, es decir, recusando su obligatoriedad, frente a lo cual la simple promulgación no sólo es impotente, sino que es la condición misma de la recusación.

En tercer término, tampoco la adición de la fuerza[1], de la sanción o de la amenaza de la misma, contenidas en el enunciado o en la

---

1 Aquí y en lo sucesivo, empleo el término «fuerza» en su sentido genérico y no en el específico que he intentado determinar, en contraposición al concepto de violencia, en el libro *Perchè la violenza? Una interpretazione filosofica.* L'Aquila, Japadre, 1978, 3. [Hay traducción española de Tomás Melendo: *Las raíces de la violencia.* Pamplona. EUNSA, 1987].

promulgación de la prescripción, son suficientes para hacerla obligatoria. De hecho, la fuerza no puede eliminar la transgresión, pues a la fuerza cabe siempre oponer otra fuerza, que puede ser incluso mayor; por otra parte, para eliminar toda transgresión mediante la fuerza sería preciso ejercerla de modo continuado sobre todos los destinatarios de la norma, lo que es imposible en la práctica. En otros términos, la obligatoriedad de la norma no deriva —como sostenía el viejo iuspositivismo (¿acaso es realmente «viejo»)?— de su estructura prescriptivo-sancionadora. Esta estructura la hallamos también en el enunciado «¡la bolsa o la vida!» que, si bien puesto en boca de un bandido y aunque oportunamente desarrollado, revela la misma estructura que caracteriza, según Kelsen, a la norma jurídica: «si es A, debe ser B». La ruda fase tradicional del salteador de caminos puede reformularse así: «si no me das tu dinero, mis compinches deberán matarte»; por lo tanto, si bastase la estructura kelseniana para hacer jurídica a la norma, aquel enunciado sería una norma jurídica y adviértase que la relación entre el bandolero y su cuadrilla sería absolutamente la misma que existe entre el legislador y el juez. Pero las cosas no son así, para tranquilidad de los formalistas y de los detractores del derecho a la violencia[2], porque nadie consideraría la mencionada proposición prescriptiva (*Soll-Satz*) como una prescripción *jurídica (Soll-Norm)* para sus destinatarios en cuanto que no origina una obligación para ellos. Esa proposición no constituye sino una *constricción* a la que, en cuanto sea posible, cada uno intentará sustraerse sin el menor escrúpulo y, para la opinión unánime, «con todo derecho».

En resumen; ni la condición de enunciado prescriptivo de la norma, ni su promulgación, si su estructura prescriptivosancionadora son suficientes, conjunta o separadamente, para hacer manifiesta o aceptable la obligatoriedad de la norma, es decir, para que su transgresión voluntaria pueda considerarse rechazable o condenable en el plano de la razón (esto es, *no justificada).* Si esto es así, resulta preciso hacer convincente la obligatoriedad de la norma, es decir, justificarla.

Las constataciones empíricas que hasta ahora hemos realizado resultan confirmadas en el terreno teórico. Para comprobarlo, conviene partir de la pregunta acerca del *porqué* de la transgresión, si bien, como es lógico, no se trata de investigar y clasificar los innumerables motivos o finalidades contingentes y subjetivas que inducen a desobedecer las normas, sino que lo que importa en el orden teórico es identificar aquello que, en la línea de los principios, hace posible la transgresión. Ahora bien, hay que reconocer, aunque a muchos pueda parecer extra-

---

2 Para un estudio más amplio de este tema, v. nuestro *Perchè la violenza?*, cit., cap. 4.

ño, que lo que hace posible la transgresión es no sólo la existencia de la norma (lo cual podría ser explicado y ampliamente aceptado desde el punto de vista del psicoanálisis) sino también la naturaleza misma de la norma. Véamoslo.

2. LA CUESTIÓN TEÓRICA

Ante todo, hay que subrayar un dato elemental: la norma, en tanto en cuanto es un enunciado prescriptivo[3] o de deber ser (*ought-statement*), tiene un estatuto lógico completamente distinto del de los enunciados teóricos o alécicos (*is-statements*); por otra parte, la norma pertenece directamente a un campo distinto de aquel al que se refieren los enunciados teóricos; el campo no del conocer, sino del hacer. Esto supuesto, la cuestión a examinar es la siguiente: ¿por qué el enunciado prescriptivo de la norma, *tomado en sí mismo,* tiene fuerza obligatoria, es decir, excluye en principio la transgresión? Para mayor claridad del tema creo que son indispensables algunas breves observaciones de carácter tanto lógico como ontológico.

En el orden lógico, parece evidente que la norma, en cuanto establece un *deber ser,* prescribe que acontezca (esto es, que se haga, que no se haga o que deje de hacerse) algo que de otro modo podría no acontecer[4]. Esto encuentra una explicación en el plano ontológico porque el deber ser se refiere a un ente, el hombre, que no es estáticamente definitivo y completo, sino que actúa y se desarrolla, sin que ese desarrollo esté deterministamente necesitado, sino abierto a más posibilidades. Fuera de este horizonte ontológico, el deber ser carece de sentido.

En consecuencia, la norma (o, mejor aún, la normatividad) se sitúa dentro del ámbito existencial de la posibilidad y, por tanto, no siendo el efecto ni la causa de un determinismo del ser, no es una pura y simple expresión, en otra forma lingüística, del ser. Lo cual significa que tanto quien enuncia o promulga una norma como el destinatario

---

3 Los recientes desarrollos de la lógica deóntica han identificado, además de las formas conocidas de imperativos, los llamados «performativos», que son aquellos en que se completa (*perform* en inglés) lo que se dice. Aparecen así, junto a las prescriptivas, las normas «constitutivas» (acerca de ellas v. G. CARCATERRA: *Le norme costitutive.* Milano, Giufffé, 1974, y *La forza costitutiva delle norme,* Roma, Bulzoni, 1979, así como A. FILIPPONIO TATARELLA: *Sulla teoreticità delle norme costitutive,* en « Riv. intemazionale di filosofía del diritto» (en adelante, *RIFD),* 1980, pp. 238-281).

4 Esto vale también en el caso de las normas constitutivas, las cuales establecen que *vengan a ser* algo que podría ser de otro modo. Si consideramos una norma constitutiva como el art. 1.1 de la Constitución española —«España se constituye en un Estado social y democrático de Derecho...»— es evidente que nuestro país podría haber sido constituido de otros muy diversos modos.

de la misma se mueven en el plano de la posibilidad[5] y no se hallan *determinados,* ni el primero a darle este o aquel contenido, ni el segundo a aceptarla tal como ha sido enunciada.

La tesis conforme a la cual el enunciado y/o la promulgación del deber ser normativo son suficientes para imponer su respeto —o, mejor, para hacer inexcusable su obligatoriedad— implica que el deber ser depende necesariamente en su contenido del ser y que éste, a su vez, necesita del obrar, lo cual es evidentemente falso. La tesis en cuestión es inaceptable incluso en su expresión atenuada, según la cual el deber ser expresaría de modo tan evidente las exigencias del ser y las etapas de su desarrollo porque tiene la capacidad de convencer *inmediatamente* y de someter a obediencia al hombre normal. Tal era, en líneas generales, la convicción racionalista de la filosofía iluminista.

Del hecho de que el deber ser no coincida con el ser (y, por lo tanto, puede resultar incompleto), se desprende lógicamente que la norma es siempre infringible. Pero cabe decir, a nuestro juicio, algo mucho más incisivo, a saber que el *deber ser* es el *trascendental (en el* sentido kantiano) de *la transgresión;* es decir, es la condición de pensabilidad del concepto de transgresión y es también la condición de posibilidad de la transgresión en *cuanto tal.* En otros términos, el deber ser es lo que permite calificar como *transgresión,* como ilícito, un comportamiento material, estableciendo por consiguiente el sentido existencial negativo del mismo. En efecto, allí donde no hay prescripción de deber ser no se da infracción: se da el libre juego de las posibilidades.

Los razonamientos expuestos permiten confirmar en el orden teórico cuanto se había constatado en el terreno empírico-fáctico. En efecto, tales argumentaciones arrojan luz sobre cuál sea la razón de principio que avala lo que ya nos había suministrado el dato empírico, a saber, que el simple enunciado-promulgación de la norma no basta para afirmar la obligatoriedad de la misma; ahora sabemos que eso es así porque la norma constituye la posibilidad de la transgresión en cuanto tal, la cual es, por así decirlo, el reverso o contrapunto de la norma. Y también arrojan luz sobre cuál sea la razón, igualmente de principio, por la que tampoco la fuerza (ni, en consecuencia, la sanción) es suficiente para establecer la obligatoriedad de la norma promulgada; porque la fuerza (la sanción) no tiene capacidad de anular la posibilidad trascendental de la transgresión.

Esta última conclusión negativa acerca de la capacidad de la fuerza para imponer por sí sola, como sostenía el antiguo iuspositivismo,

---

5 Es oportuno recordar cómo la filosofía existencialista, de Kierkegaard a Heidegger y, en Italia, a N. Abbagnano, ha insistido sobre el concepto de posibilidad.

la obligatoriedad de la norma establecida, tiene una consecuencia importante. Nada que sea reducible a la fuerza tiene mayor capacidad de obligar que ella; de ahí que, por ejemplo, ni el puro poder, el avasallamiento —el «*quia nominor leo*» de la fábula de Fedro—, ni la pura voluntad (en el sentido nietzschiano, no kantiano, del término) —el «*sic volo sic iubeo, sit pro ratione voluntas*» de la sátira de Juvenal— tienen capacidad de originar la obligatoriedad de la norma y hacer recusable su posible infracción. Mas si, a pesar de la promulgación de la norma y de su estructura prescriptivo-sancionadora, la transgresión resulta posible tanto por razones de orden empírico-fáctico como por razones de orden teórico, es evidente que hay que buscar en otra parte la fuente de la obligatoriedad de la norma. Y puesto que, como más arriba se ha dicho, la norma realiza una opción entre varias acciones posibles estableciendo cuál de ellas *debe* ser, parece inexcusable señalar y probar las razones por las que tal opción ha sido hecha y asume valor normativo. Es decir, es preciso *justificar* la norma, mostrando que la opción no es arbitraria, sino que está fundada, de un modo o de otro pero siempre de manera convincente. Adviértase que la apelación a la justificación se da también en el caso de la que, en el lenguaje común, se llama «opción obligada» o «necesaria», que no en balde se acompaña siempre de la indicación de las circunstancias (justificantes) que la han hecho obligatoria. En resumen: la obligatoriedad de la norma depende de la validez de su justificación, que es, por consiguiente, el fundamento de aquélla.

Con esta afirmación se va más allá del «principio de inercia», por otra parte aceptable, enunciado por Perelman. Tal principio, como antes se vio, presupone la existencia de normas o de un orden normativo y se aplica *solamente* a las variaciones propuestas o introducidas respecto de dicho orden. Perelman tiene buen cuidado de precisar que «la justificación concierne... sólo a lo que es discutible» —y hasta aquí tiene razón—, pero añade en seguida que «tratándose de la norma, sólo a lo que es criticado por determinadas razones»[6], en lo que nos parece demasiado restrictivo. Ciertamente es plausible afirmar, desde el punto de vista histórico o sociológico, que la actividad legiferante se desarrolla siempre respecto de un anterior orden normativo aceptado —es difícil, en efecto, imaginar una humanidad privada de normas según la hipótesis roussoniana del estado de naturaleza— y que, por tanto, solamente hayan de justificarse las normas nuevas. Pero lo que más interesa, desde el punto de vista teórico, no es el origen histórico de las normas, sino el fundamento de su obligatoriedad; desde esa perspecti-

6 Cfr. *Cinque lezioni sulla giustizia* (1966), después en el vol. *Droit, morale et philosophic,* París, 1968; trad. italiana, Nápoles, Guida, 1973, p. 54; cfr. también pp. 53 y 210-11.

va, para que una prescripción cualquiera entre en la *categoría* «norma» es indispensable justificar su obligatoriedad.

Dos precisiones son oportunas al respecto. La primera es que lo que se necesita es justificar la norma y no (al menos en un primer momento) justificar la *obediencia* a la norma, pues las justificaciones de la obediencia no dependen necesariamente del hecho de que la norma esté justificada en sí y por sí. Podemos obedecer la norma inspirados por la situación o por la sensibilidad personal, subjetiva, como ya precisó Kant cuando distinguía entre la acción por el deber —dimanante de su obligatoriedad— y la acción *conforme* al deber, debida a sensibilidades e inclinaciones personales[7]. Se puede ser inducido a obedecer por numerosos motivos: temor o prudencia, gregarismo o sentido de la tradición, utilidad o sentido de la disciplina, etc. En resumen: es cierto que la justificación de la norma es, por sí, una justificación de la obediencia, pero no lo contrario.

Segunda precisión: la justificación de la norma, por sólida e incontrovertible que sea, no es capaz de impedir de hecho y universalmente la transgresión. Podrá hacerla menos probable o menos frecuente y, sobre todo, podrá hacerla menos convencida y segura de sí, pero no hasta el punto de eliminarla totalmente en el terreno de los hechos. Sin embargo, el significado teórico de la justificación no es éste, sino el de demostrar la no recusabilidad, por principio, de la norma. O, por lo menos, a través de la justificación se plantea el tema de la aceptación de la norma en el terreno del diálogo racional: un diálogo no erístico sino de verdad. En efecto, si la norma ha sido justificada, para rechazar su obligatoriedad será preciso refutar las razones abonadas en su favor apoyándose en razones más sólidas, es decir, más profundamente verdaderas; y mientras esa refutación no se haga, la .justificación de la norma, en la que se fundamenta su obligatoriedad, hará que la transgresión sea considerada, incluso por quien la comete, como un acto no indiferente ni, por supuesto, lícito, sino ilícito, si bien materialmente posible. Sólo desde este punto de vista pertenece la sanción a la estructura de la norma, pues la determinación del estatuto de ilicitud de la transgresión producido por la

---

7 Cfr. *Fondazione della metafísica dei costumi*, edición de V. Mathieu, Torino, Paravia, 1954, p. 24. [Traducción española de M. García Morente: *Fundamentación de la metafísica de las costumbres.* Madrid, Espasa Calpe, 1983 (8.ª ed.); pp. 33-34». La distinción, aunque con menor rigor teórico, se encuentra también en H.L.A. HART, *The Concept of Law,* London, 1961, pp. 60-70, de la traducción de M.A. Cattaneo, Torino, Einaudi, 1965. [Hay traducción española de Genaro R. Carrió: *El concepto del derecho.* México, Editora Nacional, 1980 (reimpr. de la 2.ª ed.); pp. 102-113],

justificación de la norma implica la justificación por principio de la sanción[8] que recae sobre el acto ilícito.

Un ejemplo muy sencillo dejará clara la diferencia que existe entré transgresión y recusación de la obligatoriedad de la norma. El ladrón profesinal *infringe* la norma que tutela la propiedad, pero en modo alguno piensa en su recusación; roba para hacerse con una cosa y da por descontada la sanción que le vendrá en caso de ser descubierto; en una palabra, reconoce la obligatoriedad de la norma. En cambio, el revolucionario *recusa* en bloque la norma y por tanto, desde su punto de vista, ni es obligatoria ni él comete una transgresión.

Las dos precisiones realizadas conducen a un resultado que no debe perderse de vista, pues muestran cómo la pura y simple observancia material de la prescripción no es prueba suficiente de que ésta haya sido válidamente justificada y, por tanto, hecha obligatoria y transformada en norma; y, al contrario, el puro y simple hecho material de la infracción (aún consciente) no debilita en absoluto la solidez de la justificación. Teniendo en cuenta todo lo dicho, la justificación se presenta como el procedimiento por el que se pretende —con un razonamiento riguroso y con argumentaciones verificables y falseables empíricamente— posibilitar la recusabilidad del enunciado prescriptivo. Por tanto, la justificación se sitúa en la esfera de la práctica, como observa Perelman[9], pero se desenvuelve en términos congnoscitivos; tiene *finalidad* práctica, pero *estructura* cognoscitiva. Sobre esto volveremos en seguida, mas antes es preciso afrontar una posible objeción radical a cuanto se ha dicho.

3. La cuestión de la libertad

Según se ha visto, la justificación es indispensable para instalar el deber ser dentro del área de la posibilidad y, por consiguiente, para la relación trascendental entre norma y transgresión. Por ello, un comportamiento es calificable como transgresión sólo en razón de su relación trascendental con la norma; en sí mismo, en cuanto comportamiento material, no es sino una conducta posible distinta del comportamiento que se ha establecido que *debe* ser. Pero entonces, ¿por qué no otorgar libertad para realizar todas las posibles acciones y conductas? Con ello se restituiría a la llamada «transgresión» su propia naturaleza de posible y, por consiguiente, de acto de libertad respecto de la (pretendida) norma, la cual no sería otra cosa que una limitación antinatural y pu-

8 Cuestión distinta, y en todo caso derivada, es la de la justificación de las *modalidades* (cualitativas y cuantitativas) de la sanción.

9 Cfr. *Morale, diritto e Filosofía*, cit., pp. 51 y 210.

ramente represiva del libre desarrollo de la posibilidad. Si así fuera, no haría ninguna falta justificar las normas, sino que bastaría con abolirías. Tal objeción no es hipotética, pues el rechazo radical de la normatividad y la liberación total de las posibilidades son consignas de varios movimientos sociopolíticos actuales apoyados en ciertas corrientes del pensamiento contemporáneo que teorizan sobre el liberalismo político, el vitalismo, la liberación del deseo, etc.[10].

Se puede replicar que un razonamiento de esa especie trae consigo el fin del discurso ético-valorativo en general (y, por tanto, del jurídico), dada la inescindible conexión entre el deber —sin el cual no hay moralidad— y la ley, según observó ya Kant, o bien, con fórmula más moderna, que el rechazo total de la normatividad (ética y jurídica) implica la reducción integral del deber ser al ser[11]. Sin embargo, esta respuesta, sin duda pertinente y válida, no nos parece suficiente, ya que la reducción del deber ser al ser es precisamente lo que las teorías vitalistas (en sentido amplio) sostienen con tanta mayor eficacia persuasiva cuanto más formalmente es entendida la norma y cuanto más claramente se rompe el vínculo entre deber ser y verdad. En todo caso, también respecto a la posibilidad del discurso ético y jurídico nos obliga la duda metódica a plantear una vez más la pregunta radical: ¿por qué la ética mejor que su ausencia?

Para responderla es necesario traspasar de nuevo el estrecho ámbito del deber ser —que es arbitrario considerar en sí y por sí como autónomo y autárquico— para contemplar su relación con la esfera del ser, que es, por lo demás, lo que hizo Kant cuando observaba que la ley está afectada por la doble pertenencia del hombre al «mundo sensible» y al «mundo inteligible»[12]. El argumento kantiano es, por supuesto, válido, si bien entendiendo que se basa en una consideración únicamente fenomenológica del ser humano, por lo que, para hacerlo más eficaz, ha de asentarse en un nivel ontológico. Queda así claro que la exigencia del deber ser (la exigencia de un obrar del hombre conforme a normas) deriva y se impone por el hecho de que el existente (el *Seiende* heideggeriano) no es una autocreación ni está aislado ni es autosuficiente, sino que es un coexistente[13]. El ser de nuestro existir *(das Sein des Dasein,* para expresarnos con palabras de Heidegger) es un co-existir. La «transgresión» del deber ser no tendría ningún sentido ni sería otra cosa que un acto de pura libertad si (y únicamente sí) el existente fuese

10 Para una más amplia ilustración, v. nuestro *Perchè la violenza?,* cit., cc. 5 y 6, así como R. POLIN, *L'obbligazione politica,* L'Aquila, Japadre, 1980, c. 2.

11 Así, G. Carcaterra: *La «Grande Divisione, si e non,* en «Riv. di Filosofia», 1976, pp. 39-40.

12 Cfr. *Fundamentación,* cit., p. 123 (p. 122 de la trad. española»).

13 Hemos desarrollado el tema con mayor amplitud en *Prospettive,* cit.

—según el modelo del estado de naturaleza de Rousseau— un individuo aislado y plenamente autosuficiente, lo cual es manifiestamente falso e incluso para Rousseau tal situación no era sino una mera hipótesis. Resulta obligado reconocer, por tanto, que si cada uno fuese libre para realizar cualquier comportamiento materialmente posible sería imposible la coexistencia, que es la condición ontológicamente intrascendible del ser humano.

De cuanto se ha dicho resulta que el discurso ético sólo tiene sentido dentro de un horizonte ontológico delimitado por la insuficiencia-indigencia del existente y por su coexistencialidad. Se determina así el fundamento ontológico de la necesidad existencial del deber ser (de la normatividad moral y jurídica) y, por tanto, el fundamento del discurso ético en general, cualesquiera que sean sus contenidos. Uno y otro —deber ser y discurso ético— vienen, pues, demandados por la coexistencialidad y tienen a ésta por objeto.

Resulta claro entonces que la transgresión de las normas no es una cuestión absolutamente indiferente ni menos todavía un acto de libertad pura e intangible. Sin duda la transgresión será siempre algo posible desde el punto de vista lógico y desde el fáctico, pero el dato intranscendible de la coexistencia evidencia que la transcendentalidad de la norma respecto de la transgresión hace que ésta sea, sí, pensable y posible, pero como negatividad, lo que implica que sea prevenida o repelida. Pero todo esto sólo es aceptable sobre la base de una justificación de la norma que haga a ésta no recusable por principio.

Concluimos este primer punto del análisis afirmando que la justificación no es algo que se puede libremente añadir o no a la norma por motivos contingentes o de mera oportunidad, sino que, al contrario, resulta indispensable por tres razones de fondo: 1) a causa de la relación trascendental entre norma y transgresión; 2) por la pluralidad de las posibilidades del obrar humano; 3) por razón de la estructura coexistencial del hombre. La primera razón es de orden lógico o, si se prefiere, metalógico, siendo las otras dos de orden ontológico.

Pero si la justificación es indispensable para establecer la obligatoriedad del enunciado prescriptivo, imprimiéndole el carácter categorial de «norma», resulta confirmada la tesis que se adelantó en la *Introducción,* a saber, que la norma vigente consiste en el nexo triádico «enunciado deóntico-justificación-interpretación». Y adviértase que, mientras en el discurso ordinario del jurista la justificación está como absorbida en la interpretación, y en todo caso es un instrumento de ésta, aquí se presenta una situación exactamente inversa: la interpretación aparece vinculada, y por tanto subalterna, a la justificación, que forma cuerpo, por así decirlo, con la prescripción normativa.

II

¿Obligatoriedad sin justificación?

SUMARIO: 1. La obligatoriedad de la norma por su pertenencia formal al ordenamiento. 2. La imposibilidad de autojustificación formal del ordenamiento. 3. La obligatoriedad según el realismo jurídico. 4. La obligatoriedad derivada de la autoridad. 5. La obligatoriedad derivada de la ideología.

1. La obligatoriedad de la norma por su pertenencia formal al ordenamiento

En las páginas precedentes se ha intentado mostrar las razones por las que la justificación es indispensable, a nuestro juicio, para que haya «norma», es decir, no un simple enunciado prescriptivo (*Soll-Satz)*, sino una prescripción *obligatoria (Soll-Norm)*, habiendo llegado a la conclusión de que la justificación pertenece a la compleja estructura de la norma.

Sin embargo, todos los razonamientos hechos pueden ser rebatidos desde una orientación ampliamente extendida en la ciencia jurídica contemporánea conforme a la cual la cuestión de la obligatoriedad de las *normas singulares* es algo separado e independiente del tema de su justificación. En efecto, el jurista actual sin duda estará dispuesto a aceptar cuanto se ha afirmado en el capítulo precedente, a saber, que ni el estatuto lógico de enunciado prescriptivo ni el hecho de la promulgación ni la estructura prescriptivo-sancionadora son suficientes, separada o conjuntamente, para establecer de modo definitivo la obligatoriedad de la norma. Pero objetará en seguida que no hemos abordado el verdadero problema al tomar como punto de referencia un normativismo anticuado cuyo objeto es la norma en sí y por sí, mientras que desde un punto de vista no sólo más reciente sino también de mayor valor argumental, la ciencia jurídica actual habría situado el objeto primario de la investigación en el *ordenamiento* jurídico, logrando superar con ello la tradicional oposición entre normativismo e institucionalismo.

Desde la perspectiva del ordenamiento jurídico, la norma es ciertamente tal porque es un enunciado prescriptivo promulgado y tiene una estructura sancionadora, si bien tales caracteres formales y estructurales, aunque necesarios, no son suficientes para dotarla de obligatoriedad; ésta le viene conferida por la pertenencia al ordenamiento jurídico, fuera del cual la norma es un asunto meramente privado cuando no un simple *flatus voris.* Adoptando la terminología kelseniana, aunque es discutible, la *nomostática* nos indica qué es la norma *en abstracto* y la *nomodinámica* nos muestra qué es la norma *en concreto:* la norma *en el* contexto del ordenamiento. La norma es producida, aplicada y garantizada en y por el ordenamiento, dentro del cual adquiere validez prescriptiva, siendo ello suficiente para asegurar su carácter obligatorio. Se viene así a separar la cuestión de la obligatoriedad, que se resuelve en términos *jurídicos* mediante el control de la pertenencia al ordenamiento, del tema de la justificación, que se resuelve por el control *técnico* de la adecuación de la norma, entendida como medio, al fin querido, o bien en términos *políticos* juzgando acerca de la oportunidad de la norma en relación con ciertos valores, necesidades o situaciones del cuerpo social. Se confirma de este modo lo ya antes manifestado: la justificación, aún cuando se reconozca su presencia y utilidad, no pertenece al área de lo jurídico y, por consiguiente, no entra en la estructura de la norma. Pero, ¿es válida esta tesis?

A la objeción de no haber atacado el verdadero problema y a la teoría que la sustenta se podría replicar que lo único que ésta hace es trasladar de la norma al ordenamiento la cuestión de la justificación, o sea, de un concepto particular o secundario a otro (considerado como) general o primario. Y, por otra parte, dado que el ordenamiento jurídico está constituido por un conjunto orgánico de normas, el tema permanece intacto, tal como se ha planteado. Sin embargo —y sin renunciar por ello a tales argumentos— nos parece más sólido recurrir a ellos sólo después de haber analizado críticamente la objeción, de suerte que se hace necesario averiguar si en verdad la pertenencia de la norma al ordenamiento *basta* para establecer su obligatoriedad, permitiéndonos así prescindir, desde el punto de vista jurídico, de su justificación.

En el ámbito del iuspositivismo formalista, la tesis expuesta encuentra su mejor refrendo en el pensamiento de Kelsen, que resumiremos esquemáticamente por sobradamente conocido. Para Kelsen, «la existencia específica de una norma» se designa con el término «validez»; por otra parte, la validez de ,una norma «significa que la misma es vinculante»[1]. La obligatoriedad de la norma coincide, por tanto, con su validez, es decir, con la existencia *específica* de la norma, con la existencia de la norma en cuanto norma vinculante y no en cuanto simple enunciado deóntico. Pero, a su vez, la validez, en un «sistema normativo dinámico» como es el derecho (y como es *todo* ordenamiento jurídico), depende de que haya funcionado correctamente el llamado *principio de delegación:* «una norma pertecene a un ordenamiento... porque ha sido producida del modo determinado por la norma fundamental y no porque tenga un cierto contenido»[2]. Y al no ser relevante el contenido de la norma para su validez y, por tanto, para su obligatoriedad, es evidente que la norma no necesita, desde el punto de vista de su existencia jurídica, ser justificada y mucho menos por apelación a unos valores,

1 Cfr. *Reine Rechtslehre,* 2.ª ed. Viena, 1960. Traducción italiana de M. G. Losano. Torino, Einaudi, 1966; pp. 19 y 217. [Hay traducción española de Roberto J. Vemengo: *Teoría pura del derecho.* México, Universidad Nacional Autónoma, 1981; pp. 23 y 224]. En lo sucesivo se citará como TPD.

2 *TPD,* pp. 220-1 [p. 209 de la trad, española].

que no podrían referirse sino a su contenido. Por consiguiente, la obligatoriedad se asegura mediante el control del respeto al principio de delegación, descendiendo los sucesivos escalones de la *Stufenbau* a partir de la *Grundnorm*[3]. Obsérvese que, desde esta perspectiva, ni siquiera operaría el mencionado «principio de inercia» de Perelman, que exige por lo menos la justificación de las innovaciones normativas, ya que toda norma innovadora sería automáticamente obligatoria en cuanto fuera conforme con el dinámico principio de delegación.

Este modo de fundamentar la obligatoriedad es conforme en un todo, por un lado, con el principio de valoración científica —fuertemente asumido por la «teoría pura» del derecho— según la ya clásica enseñanza de Max Weber; y, por otro, y más modernamente, con el no-cognoscitivismo ético. Kelsen se preocupa, en efecto, de declarar su fidelidad a la llamada ley de Hume, que excluye la inferencia ser/deber ser. Explícitamente afirma que «del hecho de que una cosa *es* no se puede deducir que debe *(solí)* ser, así como del hecho de que una cosa *debe* ser no puede deducirse que es»[4].

No obstante, este criterio de validez-obligatoriedad, aún cuando pudiese servir (dejando a un lado, de momento, toda consideración crítica) para hacer necesaria la justificación de las normas internas en un ordenamiento jurídico dado, no puede ciertamente ofrecer el mismo resultado aplicado a la norma fundamental, pues ésta no puede fundarse sobre una norma ulterior, ya que ello implicaría un proceso *ad infinitum,* ni tampoco sobre un hecho (sobre un acto de voluntad concreto), pues en tal caso se produciría la negada inferencia ser/deber ser. De ahí que Kelsen, como es sabido, considere la *Grundnorm* como un puro «presupuesto» para hacer inteligibles en términos normativos el acto constituyente y el ordenamiento[5]. Sin embargo, presuponer la norma fundamental no significa, como es obvio, justificarla, sino más bien eximirla acríticamente de justificación; por ello, no se ve de dónde pueda provenir su obligatoriedad supuesto que debe excluirse, de

---

3 He simplificado la tesis kelseniana, porque, como es sabido, este autor tiene también en cuenta la coherencia del dictado prescriptivo de una norma con la norma superior cuando ésta «predetermina su contenido» (*TPD,* pp. 298 y ss). Pero la tiene en cuenta en vía secundaria, tanto más cuanto que la norma es para él «un esquema» susceptible de diversas concreciones (*TPD,* p. 276). De cualquier modo, también bajo este aspecto la obligatoriedad de la norma depende de su coherencia con las otras normas que están en el camino ascendente hasta la *Grundnorm.*

4 *TPD,* p. 217. Sobre los limites de la ley de Hume y del nocognoscitivismo, v. el trabajo fundamental de G. Carcaterra: *La falacia naturalistica.* Milano, Giuffrè, 1969.

5 *TPD,* pp. 221 y ss. [pp. 208 y ss. de la trad. española].

conformidad con las premisas no-cognoscitivistas kelsenianas, que provenga de un hecho. Pero si no se establece la obligatoriedad de la norma fundamental, la de las normas internas queda suspendida en el vacío, sin que pueda soslayarse la cuestión de su justificación. El mismo razonamiento es aplicable a la «norma definitiva de reconocimiento» que Hart pone como fundamento de las normas particulares del ordenamiento[6].

Por otra parte, resulta inconsistente la pretensión kelseniana de presentar la norma fundamental como «condición lógico-trascendental» de un ordenamiento de normas, como «norma (sólo) pensada». El propio Kelsen, por lo demás, es consciente de que el uso que hace del término *trascendental* es por lo menos extensivo, si no arbitrario; no sin intención tiene la cautela de decir: «si es lícito aplicar por analogía un concepto de la teoría kantiana del conocimiento»[7]. Ciertamente, si la *Grundnorm* es una norma, aunque sea «solo... pensada», no es ni puede ser el trascendental —es decir, la condición de pensabilidad— de las normas porque para pensarla es preciso haber hallado la condición de su pensabilidad y la norma no puede ser la condición de pensabilidad de sí misma sin caer en un círculo vicioso.

Quiéralo o no Kelsen, la norma fundamental o se resuelve en un mero hecho o es una norma real y no solamente «pensada»: una norma constitutiva, la cual tampoco se sustrae, como ya ha quedado dicho, a la necesidad de justificar la propia obligatoriedad[8].

Concluimos este primer punto: el intento de eliminar la cuestión de la justificación de la norma fundando la obligatoriedad en la pertenencia de aquélla a un ordenamiento no resuelve nada, ya que aun la referencia a una norma última no hace sino trasladar el tema de la justificación, como más arriba hemos indicado, al nivel superior del orde-

---

6 Cfr. *H.L.A.* Hart, *El concepto del derecho,* cit., pp. 118 y ss. [pp.in y ss. de la trad, española].

7 *TPD,* p. 227.

8 Cfr. supra cap. I, n. 4. Bobbio reconoce que la norma fundamental es una «extraña norma» y, observando que su «validez... está fundada en el poder último», concluye que dicha norma se corresponde, en el discurso jurídico, con la *summa potestas* del discurso político (cfr. *Sul principio di legittimità,* en *Studi per una teoria generale del diritto,* Torino, Giappichelli, 1970, p. 89). [El trabajo *Sul principio di legittimitd* está recogido en el libro: Bobbio, *Contribución a la teoría del Derecho,* en el que Alfonso Ruiz Miguel ha recopilado y traducido —con estudio preliminar— diferentes ensayos del autor italiano. Valencia, F. Torres, 1980; el pasaje aludido, en las pp. 313-14 de la traducción], Pero con esto no queda resuelta la cuestión de la justificación, sino sólo aludida, pues no se comprende por qué la *summa potestas* estaría en condiciones de conferir obligatoriedad a sus prescripciones. ¿Nos encontramos acaso ante una hobbesiana sacralización teomórfica del poder?

namiento. Pero, ¿por qué resulta necesario justificar el ordenamiento? ¿Acaso no es suficiente para esa justificación su propia existencia como sistema coherente? La pregunta es ineludible.

2. LA IMPOSIBILIDAD DE AUTOJUSTIFICACIÓN FORMAL DEL ORDENAMIENTO

En realidad, la simple coherencia *interna,* lógico-sintáctica, de un ordenamiento normativo no basta, por sí misma, para justificarlo. Veamos por qué. Consideremos en primer lugar, siguiendo un lúcido ensayo de Bobbio[9], la cuestión de las antinomias que pueden producirse dentro de cualquier ordenamiento por su dinamicidad normativa y que ponen en peligro su coherencia. Indudablemente, un sistema normativo dispone, de modo explícito o implícito, de criterios *objetivos* —es decir, independientes de valoraciones personales— para resolver las antinomias; los más conocidos y tradicionales son el criterio cronológico (*lex posterior derogat priori*), el jerárquico (*lex superior derogat inferiori)* y el de especialidad *(lex specialis derogat generali).* Aplicando uno u otro de estos criterios a según los casos se deberían poder resolver las antinomias surgidas entre las diferentes normas del ordenamiento, restituyendo su coherencia interna. Y, sobre todo, debería poderse determinar cuál de las normas que aparecen como antinómicas es la obligatoria, sin necesidad de recurrir al discutido procedimiento valorativo de su justificación.

Hemos dicho «se *deberían* poder resolver las antinomias» por dos razones. En primer lugar, porque la racionalidad de los mencionados criterios es más aparente que otra cosa: nada prueba de modo definitivo que sea más aceptable (es decir, irrecusable en principio) una ley posterior que una anterior, una ley superior que una inferior, etc.[10]. No obstante, no insistimos en esta crítica porque la misión de tales criterios, cualquiera que sea su consistencia desde el punto de vista racional, es mantener la coherencia del ordenamiento, de la que dependería la obligatoriedad de sus diferentes normas independientemente de su justificación, y no hay duda de que los mismos pueden asumir esa función mediante verificaciones muy sencillas (la fecha, la posición jerárquica, el ámbito de vigencia de la norma), sustraídas a valoraciones personales.

Hay, sin embargo, un segundo motivo de duda acerca de la capacidad de los repetidos criterios para resolver las antinomias. Bobbio ha

9 *Sui criteri per risolvere le antinomie* (1964), incluido en *Studi,* cit., pp. 95-118. [En la trad. española *Contribución...,* cit., pp. 349-364],

10 Esto ha sido también subrayado por Bobbio, *op. cit.,* pp.105-110. [En la trad, española *Contribución...,* cit., pp. 359 y ss.].

llamado la atención oportunamente sobre el hecho de que la antinomia puede darse no sólo entre normas, sino también entre los criterios de resolución de las antinomias. En efecto, si hay antinomia entre una *lex posterior generalis* y una *lex prior specialis,* o entre una *lex superior generalis* y una *lex inferior specialis,* surge de inmediato el problema de establecer qué criterio haya de aplicarse por razones objetivas y no por preferencias subjetivas o axiológicas.

Ahora bien, Bobbio ha demostrado que esta antinomia interna de segundo grado —la que se da entre los criterios— no es susceptible de una única solución objetiva. Tras un examen detenido de la cuestión, observa que si bien el criterio jerárquico —aparte, insisto, toda reserva acerca de su racionalidad— prevalece siempre sobre el criterio cronológico, no se dan en cambio soluciones uniformes cuando se trata del criterio de especialidad ya que unas veces cede ante los otros dos y otras prevalece sobre los mismos[11]. Llega por tanto este autor a la conclusión de que, en última instancia, es necesario recurrir al «criterio de los criterios», esto es, al «criterio último de la justicia», el cual, sin embargo, se sustrae, dice, a toda determinación objetiva irrefragable[12].

Bobbio hace suya de modo explícito la afirmación de Perelman, según el cual *«notre éjfort de justification des règles pour en eliminer, dans la mesure du possible, l'arbitraire, doit s'arréter a un principe injustifié, a une valeur arbitriaire. Un syst'eme de justice, si poussé qu'il soit, ne peut éliminer tout arbitraire» a causa del «caractére arbitraire des fondements de la justice»*[13].

No vamos a discutir aquí si la justicia es en efecto un valor arbitrario, es decir, privado de un fundamento objetivamente firme, aserto con el que no estamos del todo de acuerdo. Sin embargo, a los fines que pretendemos nos basta por ahora con constatar, sobre la base de la específica argumentación de Bobbio (y sobre las más generales de Perelman), que un ordenamiento jurídico positivo no está en condiciones de justificar objetivamente la obligatoriedad de las normas que lo integran, ni recurriendo al principio de delegación kelseniano (es decir, al criterio jerárquico) ni a la coherencia sistemática de dichas normas; su obligatoriedad queda todavía, por tanto, pendiente de justificarse. Mas del razonamiento de Bobbio y, aún más explícitamente del de Pe-

---

11 *Op. cit.,* pp. 110-118. [En la trad. española, pp. 361 y ss.].

12 *Op. cit.,* pp. 118 y 98-99. [En la trad. española, pp. 364 y 355].

13 CH. Perelman, *De la justice* (1945), incluido en *Justice et raison,* cit., pp. 70 y 77. Perelman ha sostenido también posteriormente esa tesis, aunque atenuada por su teoría de la argumentación y del discurso «razonable» en tomo a los valores; cfr. *Cinque lezioni sulla giustizia,* en *Morale, diritto e filosofia,* cit., pp. 49 y ss.

relman, se desprende que tampoco el ordenamiento puede justificar su propia obligatoriedad global como no sea recurriendo a un criterio externo.

Este último punto ha sido objeto de una demostración particularmente eficaz en un breve pero brillante trabajo de Vittorio Mathieu[14], que utiliza el primero y el segundo teoremas de Gödel. Mathieu observa que «un sistema jurídico es legítimo[15] si puede hacer ilegítima una cosa cualquiera (por ejemplo, una acción) dentro de sí mismo»; de otro modo, añadimos nosotros, un sistema sería incapaz de establecer, entre una multiplicidad de posibilidades materiales, cuál *debe* ser, con exclusión de las demás. Y, en efecto, es apelando a esa coherencia como se puede declarar inconstitucional una norma. Pero esta legitimidad-coherencia formal e interna tiene un límite importante, puesto que todo ordenamiento jurídico, con objeto de asegurarse la necesaria continuidad legal en el tiempo, contiene explícita, o al menos implícitamente, normas procesales que regulan la producción (y, por consiguiente, la modificación) de las normas. Ahora bien, resulta evidente que, respetando escrupulosamente esas normas procedimentales, se puede abrogar el sistema (ordenamiento) vigente y sustituirlo por otro sistema totalmente distinto incluso en sus normas procesales; lo que era legítimo deviene ilegítimo y viceversa en virtud de una operación formalmente correcta para invalidar la cual el ordenamiento no tiene, *por sí,* capacidad, pues si así lo hubiera previsto mediante una norma de naturaleza inderogable hubiera entrado en contradicción consigo mismo. En consecuencia, al no poder el ordenamiento invalidar con operaciones formales la propia sustitución total o parcial y procesalmente correcta, no está en condiciones de *auto*justificarse.

Por otra parte, si el ordenamiento prescribiese, *con la misma norma,* tanto el procedimiento a seguir para modificarlo como la inmutabilidad de la propia constitución o incluso sólo la de las normas procesales, tal norma sería lógicamente *indecidible* porque daría lugar a una antinomia insoluble. En efecto, sería imposible decidir si dicha norma era o no modificable y, en términos más generales, si era legítima o ilegítima (en el sentido que a la palabra da Mathieu). Nos encontraríamos ante un caso similar, en el terreno ético-jurídico, a la paradoja de Epiménides o del «embustero» —«Epiménides el cretense afirma: todos los cretenses son mentirosos»— cuyo enunciado no es ni verdadero ni

14 *Sistemi logici e sistemi giuridici. Imposibilita di autofondazione formale,* en RIFD, 1970, pp. 225-231.

15 Mathieu entiende aquí «legítimo» en *sentido formal,* es decir, válido, coherente, pero en su conjunto, en cuanto sistema, no respecto de las normas singulares.

falso[16]; luego entonces el ordenamiento, al ser contradictorio, no puede *auto*justificarse con medios puramente formales; la conclusión de Mathieu coincide con la de Bobbio. La justificación del ordenamiento deberá, pues, alcanzarse por otra vía, desde el exterior del mismo, pero ¿cómo y de qué manera?

3. La obligatoriedad de las normas según el realismo jurídico

Dentro de las teorías jurídicas contemporáneas, el intento acaso más significativo de resolver con criterios empiristas la cuestión que nos ocupa es el del «realismo» escandinavo, que recoge y desarrolla de manera orgánica tendencias propias del realismo norteamericano. Particularmente destacada es la posición de Karl Olivecrona, expuesta en sus dos obras: *Law as Fact,* de 1939 y *Rattsordningen,* de 1971, que es una reelaboración de la primera[17]. Según Olivecrona, la norma jurídica es un «imperativo independiente», es decir, que no implica una «relación personal», como ocurre en cambio en los mandatos propiamente dichos[18]. Pero, ¿de dónde deriva la obligatoriedad de los imperativos independientes? Olivecrona es terminante al respecto: «Todo intento de sostener científicamente que la fuerza vinculante del derecho es otra cosa que la *presión psicológica* que el mismo ejerce sobre la población conduce necesariamente al absurdo y a la contradicción». Por lo tanto, las normas jurídicas (y los juicios de valor en que puedan venir reformuladas) se resuelven en imperativos que buscan «*sugestionar* e influenciar la mentalidad y las acciones de los hombres»[19].

Planteado en estos términos, el problema de la obligatoriedad de las normas se resuelve en el de la eficacia de la más general e «inmensa» presión psicológica ejercida por la totalidad del ordenamiento. La eficacia determinante de la presión psicológica de éste la atribuye Olivecrona, en el primero de los libros citados, al hecho de que el ordenamiento jurídico es «fuerza organizada», la cual genera no sólo el temor a las sanciones sino también una suerte de autocensura psicológica que

16 Sobre este punto, v. F. Rivetti Barbó, *Il paradosso del mentitore nel pensiero contemporaneo,* Milano, 1969, así como G. Ferrari, *Ricerca scientifica e paradossi,* Trento, 1977, pp. 27-32.

17 Ambas están traducidas al italiano, respectivamente, por S. Castignone *(Il diritto come fatto,* Milano, Giuffrè, 1967) y por E. Pattaro *(La structura dell'ordinamento giuridico,* Milano, Etas Kompass, 1972), sobre las que se hacen las citas del testo. [Hay también traducción española: *El derecho como hecho* (trad. de Luis López Guerra). Barcelona, Labor, 1980].

18 Cfr. *Il diritto,* cit., pp. 33-38; *La struttura,* cit., pp. 169-71.

19 *Il diritto,* cit., pp. 11 y 36; cfr. también *La struttura,* cit., p. 169; la cursiva es nuestra.

mueve al sujeto a apartar los «deseos criminosos», es decir, aquellos que se refieren a actos prohibidos por las leyes[20]. En la segunda de las obras, omitiendo la referencia a la fuerza organizada, Olivecrona insiste en cambio en factores psicológicos positivos que favorecen la aceptación del ordenamiento, como el «arraigado respeto de los súbditos hacia la constitución» o la «notoriedad» que entre los juristas tienen los jueces que dictan las sentencias[21].

Como fácilmente se observa, en esta perspectiva puramente psicológica la obligatoriedad del ordenamiento y, por tanto, de las normas, depende exclusivamente del hábito de observarlo; sin duda por este camino se ha abandonado el imposible intento de una fundamentación meramente formal de la obligatoriedad del ordenamiento (autojustificación), pero el problema, más que resuelto, ha sido eludido. En efecto, la presión psicológica y el hábito explican (y, si se quiere, justifican) la *obediencia* al ordenamiento, pero no su obligatoriedad, la .cual sigue sin justificarse, a menos que se considere que el simple hecho de la existencia de aquél sea suficiente para justificar su obligatoriedad[22].

Tampoco conduce a resultados más satisfactorios la tesis de Ross, que critica, con razón, el planteamiento *exclusivamente* psicologista de Olivecrona, pero proponiendo «una síntesis» del mismo con el planteamiento behaviorístico. Este «tiende a poner de relieve la coherencia y la previsibilidad en las decisiones verbales formuladas por el juez, vistas desde fuera», pero ello no es suficiente por sí solo para establecer la «validez» (o sea, la obligatoriedad) del ordenamiento, la cual necesita también del elemento psicológico, ya que la mencionada «coherencia» de las decisiones judiciales puede darse «sólo sobre la base de que el

---

20 *Il diritto,* cit., pp. 118-26. Obsérvese que, para Olivecrona, los «sentimientos morales» son «una consecuencia de la administración de justicia efectuada mediante la aplicación regular de las sanciones y del resarcimiento de daños» *(op. cit.,* pp. 127 y ss.). Es de notar que Olivecrona no se plantea el problema de *por qué* se establece una sanción para ciertos actos: su dogmatismo empirista le impide darse cuenta de la inevitable urgencia de tal pregunta.

21 *La struttura,* cit., pp. 134 y 171. Las dos versiones olivecronianas de la obligatoriedad del ordenamiento (v. sobre ellas la minuciosa exposición— por otra parte sin relieves críticos— de S. Castignone *La macchina del diritto, Il realismo giuridico di Svezia,* Milano, Comunitá, 1974, pp. 169-81) se sintetizan en la tesis de Alf Ross, para quien «temor y respeto, estas dos formas de motivación que caracterizan la experiencia jurídica, están conectados el uno con el otro» *(On Law and Justice,* London, 1958; trad. italiana de G. Gavazzi, *Diritto e giustizia,* Torino, Einaudi, 1953, p. 55. [Hay traducción española de Genaro R. Carrió: *Sobre el derecho y la justicia.* Buenos Aires, Eudeba, 1977, 4.ª ed.]).

22 Tras una insistente defensa del «principio de efectividad», P. Piovani advertía con razón que tal principio «no explica por qué el Estado se autolegitime por la efectividad»; cfr. *Il significato del principio di effettività,* Milano, Giuffrè, 1953, p. 206.

juez, en su vida espiritual, esté gobernado y animado por una ideología normativa de contenido conocido»[23].

Como se ve, la obligatoriedad de la norma depende aquí del hecho de que ésta sea efectivamente aplicada —o sea razonablemente predecible que vaya a aplicarse— por los jueces; esto es, depende del comportamiento general de los tribunales. Pero ésta no es una justificación o demostración de la obligatoriedad de la norma; si bien se mira, se trata sólo de un dato estadístico-probabilístico sobre la *obediencia* de los jueces a la norma, sin que, por otra parte, se explique por qué los ciudadanos deben considerar obligatorio para sí mismos aquello a que los jueces de hecho prestan obediencia.

Además, al no querer hablar de obediencia de los jueces a la *norma,* puesto que ésta no sería otra cosa que la propia decisión de los jueces, el problema de la obligatoriedad no se resuelve en absoluto, sino que queda soslayado. También en esta interpretación el razonamiento de Ross desemboca en el dato, una vez más estadístico-probabilístico, únicamente de la *obediencia* de los jueces: obediencia a su ideología normativa más que a-la norma del legislador[24]. Volveremos en seguida sobre el tema general de la justificación ideológica, pero adviértase de momento que el comportamiento ideológicamente motivado del juez no da lugar a ninguna obligatoriedad para los ciudadanos a menos que éstos compartan la ideología del juez, con lo que recaemos en la constatación de un hecho.

En realidad, la tesis que criticamos (en sus diferentes formulaciones de Kelsen, Olivecrona y Ross), según la cual las normas singulares son obligatorias por su pertenencia al ordenamiento, se asienta en el presupuesto, más o menos tácito, de que el ordenamiento en su conjunto es el *primum* normativo cuya obligatoriedad es un dato recibido e indiscutible. Se entiende, en efecto, que no hay ordenamiento jurídico sin efectividad, de donde se deduce que la efectividad es la prueba de la obligatoriedad del ordenamiento puesto que siendo éste un sistema de deber ser, si es observado quiere decir que es aceptado como obligatorio. Del mismo modo que la posibilidad de andar se prueba andando, así la obligatoriedad del ordenamiento se prueba con la efectividad sin necesidad de ulteriores justificaciones.

Podría oponerse, ciertamente, que semejante prueba no es en absoluto una justificación, pero dejamos a un lado esa objeción porque nos parece más interesante plantear otras cuestiones. En primer lugar,

23 *Diritto e giustizia,* cit., p. 71; cfr. también pp. 34-38 y 42-43.

24 La referencia a la ideología la introduce Ross evidentemente para evitar la acusación que hace el behaviorismo de deducir lo normativo a partir de lo fáctico.

creemos que puede adelantarse la hipótesis de que detrás de la opinión que criticamos, para apoyarla y darle una mayor plausibilidad teórica, está (inconscientemente latente o rechazada sólo de modo superficial) la gran sombra de Hegel[25]. En efecto, ¿por qué habría de aceptarse *sic et simpliciter* la obligatoriedad del ordenamiento —que, como se ha visto, no puede autojustificarse— si no fuese porque éste es, como precisamente opinaba Hegel, la forma jurídica de esa realidad ética viviente que es un pueblo constituido en Estado?[26]

En esa perspectiva, el ordenamiento es *ya* un valor, pero no por propia virtud, sino porque es la traducción en términos formalmente jurídicos del Estado del pueblo (*Volksstaat)* al que es inmanente el valor por razón de que él, el Estado, «es la realidad de la idea ética»[27]. El ordenamiento, por lo tanto, queda exonerado de justificar su propia obligatoriedad porque ésta le viene derivada de la unidad ética del *Volkstaat.* No en vano sostuvo Hegel, al intervenir en el famoso debate sobre la codificación, que «las leyes válidas de una nación no dejan de ser sus costumbres por el hecho de estar escritas y codificadas», son su «derecho nacional»[28].

No hay duda de que la efectividad, al ser interpretada o explicada en los términos historicistas de Hegel, pierde la rudeza material, psicológica o ideológica que tiene en las teorías jurídicas actuales, pero no por ello resulta convincente; la Historia universal es en verdad la *Weltgericht,* que justifica y condena de modo inapelable[29], solamente para quien crea que es «el desarrollo y la realización del espíritu universal», el cual, siendo «razón en sí y por sí», no se identifica con «un ciego destino»[30].

---

25 Acerca de esta influencia de Hegel en las teorías jurídicas contemporáneas, v. nuestro artículo *Ha il diritto una funzione propria?,* en *RIFD,* LI, 1974, pp. 398-412, en particular pp. 402-407.

26 Véase Bobbio, *op. cit.,* p. "351 de la traduc. española: «justificar una norma [significa] insertarla en un sistema normativo, deducirla más o menos directamente de los postulados éticos que rigen el sistema». ¿Y de dónde podría el sistema extraer esos postulados éticos sino de la comunidad? La tesis de G. Jellinek según la cual el derecho positivo se fúnda en la "convicción" (*Veberzeugung)* de su validez (cfr. *Allgemeine Staatslehre,* Berlín, 1921, 3.ª ed., p. 334) adquiere sentido en esta perspectiva. [De la obra de Jellinek hay trad, española de Fernández de los Ríos: *Teoría general del Estado,* Buenos Aires, Albatros, 1978; la cita corresponde a la p. 277 de esta traducción].

27 Cfr. G.W.F. Hegel: *Filosofía del diritto,* § 257 (trad. italiana de F. Messineo. Bari, 1954. [Hay traducción española (entre otras) de Juan Luis Vermal: *Filosofía del Derecho.* Buenos Aires, Ed. Sudamérica, 1975].

28 *Filosofía del Derecho,* § 211 y 215.

29 Cfr. HEGEL, *Filosofía del derecho,* § 340.

30 *Op. cit.,* § 342.

Los esfuerzos para no hacer coincidir con el destino una historia así entendida resultan realmente arduos y poco convincentes.

Ciertamente, los autores que examinamos rechazan, o rechazarían, el apoyo ofrecido por la filosofía hegeliana, situada para ellos en la aborrecida categoría de la «metafísica», pero, de hecho, sus tesis contienen presupuestos, vestigios implícitos o tácitos reconducibles a dicha filosofía. Así, las posiciones de Kelsen y de Olivecrona, aunque diferentes entre sí, presuponen ambas que el ordenamiento goza de una difusa y duradera capacidad de influencia, es decir, de *autoridad,* sin la que no se comprendería su efectiva obligatoriedad general. También Ross parte del supuesto de una obligatoriedad que deriva de la autoridad (de los jueces, en su caso), pero conjugándola con la influencia de la *ideología* normativa dominante. Y afirma explícitamente: «cualquier sistema de derecho estatuido está basado necesariamente en una *hipótesis* inicial que instituye la autoridad suprema, que no es creada por otra autoridad. Esa (hipótesis inicial) existe solamente bajo la forma de una *ideología política* que constituye el *presupuesto* del sistema»[31].

A la vista de estos textos, parece difícil negar que autoridad e ideología sean otra cosa que imágenes apagadas de la eticidad hegeliana. En cualquier caso, se acepte o se rechace la influencia de Hegel, las fuentes últimas reales de la justificación de la obligatoriedad del ordenamiento a las que las mencionadas teorías apelan explícitamente o invocan de modo implícito parecen ser la autoridad y la ideología. De la capacidad justificadora de las mismas debemos ahora discutir.

4. La obligatoriedad derivada de la autoridad

Examinemos en primer lugar la cuestión de la *autoridad* y de su capacidad de justificación. Ya señalamos en el capítulo precedente que el puro poder, lo mismo que la fuerza, no es suficiente para dar cuenta de la obligatoriedad de la norma ni, por consiguiente, es capaz de justificarla. Posteriormente hemos visto que tampoco puede justificar un ordenamiento que procediera de ese poder, de la *summa potestas.* Pero, así en el lenguaje común como en el científico o riguroso, *poder* no coincide con *autoridad,* no son sinónimos; sin entrar en el examen del ya largo debate sobre la diferencia entre uno y otro términos o conceptos y limitándonos a las opiniones más recientes, baste decir que para muchos estudiosos autoridad es un poder al que se añade algún elemento apreciativo de índole positiva, generalmente la legitimidad

31 *Diritto e giustizia,* cit., pp. 79-80; las cursivas son nuestras.

o el consenso[32]. Para otros, en especial si son filósofos, la autoridad es algo estructuralmente distinto del poder[33].

Consideramos más plausible la segunda opinión que la primera, pero, a los fines que nos proponemos, no es necesario discriminar de qué *tipo* es la diferencia entre poder y autoridad, bastando con comprobar que *la* diferencia está generalmente admitida. Y esta distinción, siempre en términos de generalidad, se advierte en la diferente actitud del destinatario del poder y de la autoridad, pues no se limita a *soportar* ésta, como sucede en el caso del poder, sino que la *reconoce* porque advierte en ella, subjetiva u objetivamente, un valor propio. No en vano se suele recordar que *auctoritas* deriva de *augere,* hacer crecer, en el sentido del valor[34].

De manera que si el gobernante (sea persona o institución) está rodeado de una atmósfera reverencial —la autoridad carismática de que habla Max Weber—, o bien hay depositada en él una larga y perdurable confianza nacida de su sabiduría, capacidad de decisión y habilidad funcional —autoridad histórica o tradicional—, no ostenta (sólo) el poder, sino que es (o goza de) autoridad. Por consiguiente, las normas que dicte aparecerán justificadas por el simple hecho de que provienen del gobernante que es (o goza de) autoridad: el valor propio de ésta es garantía del valor de su producción normativa. Por ello, la obligatoriedad de la norma deriva directamente, sin mediación alguna, de la autoridad, que es un dato existencial complejo y consistente, una síntesis de la actividad del gobernante y de la conciencia del gobernado y en modo alguno un dato meramente fáctico como lo son la simple promulgación o la estructura prescriptivo-sancionadora de la norma. La autoridad de un jefe carismático, como Napoleón I, o la de una institución arraigada en la historia de su pueblo, como el parlamento británico, nos ofrecen ejemplos concretos de las dos versiones —carismática y tradicional— de este tipo de justificación basada en la autoridad del gobernante-legislador.

---

32 Cfr., p. ej., H.D. LASSWELL y A. KAPLAN, *Power and Society,* New Haven-London, 1950: «la autoridad es la posesión cuidada y legítima del poder» (en la traduc. italiana, Milano, Etas Kompass, 1969, p. 150).

33 Para G. CAPOGRASSI, p. ej., la autoridad es expresión de la verdad, en sus *Riflessioni sull'autorità e la sua crisi* (1921), Milano, Giuffrè, 1977, cap. II, sobre el que puede verse el amplio estudio de A. DAL BROLLO, *L'autorità nel pensiero di G. Capograssi,* en *RIFD,* 1979, pp. 553-631.

34 E. Benveniste precisa que *augeo* designaba antiguamente el acto creador; cfr. *Le vocabulaire des institutions indo-européennes,* París, 1969; trad. italiana, Torino, Einaudi, 1976, vol. II, p. 397. [Hay trad, española de Mauro Armiño: *El vocabulario de las instituciones indoeuropeas.* Madrid, Taurus, 1983; la cita corresponde a la p. 327 de esta traducción].

Sería demasiado simplista apresurarse a descalificar la validez de tal tipo de justificación calificándolo como un anacrónico retorno al *ipse dixit.* Aparte la consideración de que, en su originario y auténtico significado, el recurso a la *auctoritas* no cerró sino que abrió la discusión, la justificación por la autoridad no puede excluirse a priori por tres razones: 1) Hoy en día es ampliamente utilizada y, merced a una singular —pero no paradójica— pirueta, juega actualmente a favor incluso de quienes más la han despreciado y han desacreditado su uso en filosofía, los doctos, en cuanto encarnación prototípica en nuestros días de la competencia y del saber[35]. 2) Es muy eficaz, como la evidencia de los hechos permite comprobar. 3) No es en absoluto irracional; sea carismática o histórica, la autoridad siempre está ligada a una experiencia positiva de su capacidad de discernimiento y, por tanto, de su competencia normativa[36]. Esta última razón podría ejemplificarse así: del mismo modo que el éxito continuado de un médico en el diagnóstico y en la terapia le atribuye autoridad y justifica que se observen sus prescripciones, la experimentada competencia de un legislador justifica las normas de él emanadas y, por lo tanto, su observancia. Merece la pena meditar sobre esto.

Consideramos que no puede desconocerse la fuerza de las siguientes objeciones: 1) el *argumentum ex auctoritate* vale sólo para quien cree en esa autoridad y en tanto que cree. 2) La autoridad del legislador ofrece únicamente una *presunción* de la obligatoriedad de las normas que produce. Sin duda se trata de una presunción muy fuerte y ampliamente aceptada en cuanto fundada en la experiencia de la competencia y capacidad del legislador; pero nada excluye que la competencia falle y la capacidad disminuya, de suerte que la presunción de obligatoriedad está siempre sujeta a la comprobación de los hechos, es decir, al cotejo entre la coherencia y funcionalidad de las proposiciones prescriptivas y sus fines. En caso contrario, si cesara la presunción, las normas no tendrían vigor más que por la fuerza del aparato sancionador y, en consecuencia, se considerarían *impuestas* y no *obligatorias.* 3) La presunción puede valer como justificación de la obediencia a la norma, pero no como justificación de su obligatoriedad, que continúa siendo presupuesta.

---

35 La paradoja, y grande, está, en cambio, en el hecho de que con frecuencia los doctos, en nombre de su competencia *científica,* se arrogan —o se les atribuye— autoridad en el terreno de los jucios éticos, jurídicos, políticos, etc., en el que no tienen ninguna competencia específica. ¡Eso sí que es vano y presuntuoso *ipse dixi*!

36 Cfr. CH. PERELMAN y L. OLBRECHTS TYTECA, *Traité de l'argumentation,* París, P.U.F., 1958, p. 416; «le fondement le plus souvent allegué en faveur de l'autorité est la competence». En esto coincide también Bobbio en el citado estudio sobre las antinomias (*Contribución,* cit., p. 360).

Por lo demás, el legislador no ignora que su «autoridad» tiene esos límites. Como su intención es mantenerla firme y ampliar la esfera de la misma, es plenamente consciente de que su tarea no consiste en formular *Soll-Sätze* intelectualmente elegantes e impecables en su formulación lógica sino *Soll-Sätze* que puedan ser recibidas como obligatorias y, por tanto, como *Soll-Normen*. De ahí que el legislador, como ya se ha señalado, no se limita a *poner* las normas, sino que se preocupa de justificarlas de distintas maneras (con la exposición que acompaña al proyecto de ley, con la propaganda, etc.). A la necesidad de justificación no se sustrae ningún legislador, ni aún siquiera el despótico. Supongamos el caso, que no es en modo alguno imaginario, de una norma de este tenor: «los hijos deben denunciar a sus padres cuando éstos manifiesten opiniones contrarias a las del gobierno». El legislador sabe que, pese a la autoridad de que disfruta y a la eficacia del aparato represor, la conciencia común juzgará arbitraria y aberrante una norma como esa y rechazará su carácter obligatorio, limitándose a sufrirla como una imposición, por lo que se esforzará en hallar y difundir una justificación capaz de convencer a la gente de que la denuncia de los padres es necesaria para la salvaguarda del Estado, de la ortodoxia ideológica, etc., asegurando así a la prescripción el estatuto obligatorio de la norma.

Abrese en este punto una alternativa cuyo resultado, sin embargo, es común a los dos términos de la misma. Si se entiende que la autoridad es expresión de la verdad, ésta tendrá, evidentemente, que justificar la norma con un discurso racional, pues, si se aminora la verdad de sus actos, se debilita ella misma. Si, por el contrario, se disocian la autoridad y la verdad, considerándose, con Hobbes, que *«auctoritas, non veritas, facit legem»*, entonces (porque sin confianza, la autoridad ni se constituye ni se mantiene) la justificación de la obligatoriedad de las normas se buscará por otros procedimientos, pero tampoco en este caso podrá faltar.

5. LA OBLIGATORIEDAD DERIVADA DE LA IDEOLOGÍA

Concluyamos. Si un sistema jurídico no está en condiciones de autojustificarse (ni, por tanto, de justificar sus propias normas); si su justificación debe proceder de algo externo a sí mismo, pero no puede ser proporcionada por la autoridad de que goza el legislador o el ordenamiento, ya que tal autoridad sólo ofrece una presunción de obligatoriedad; si, en fin, se excluye también el fundamento de la autoridad, y de las normas por ella producidas, en la verdad (lo que, por otra parte, haría indispensable la justificación), entonces parece no haber otra vía para establecer la obligatoriedad de las normas que recurrir a la justificación a través de la *ideología*. Y, en efecto, a ella apelan de modo bastante explícito Kelsen, Bobbio y Ross y, algo más indirectamente, también Olivecrona.

Sin embargo, aquí se corre el riesgo de que el discurso se pierda por caminos inciertos, ya que el término «ideología» ha tenido en su historia semántica, a pesar de que es breve, incontables significados[37], si bien son reconducibles a un número reducido de significados-base. Por lo que atañe a nuestro problema, podemos poner entre paréntesis toda una serie de tales significados-base con sus múltiples variantes. Nos referimos a los que encierran un sentido peyorativo: ideología como «falsa conciencia» (sentido marxiano), objetiva, sí, pero determinada por condiciones de vida alienantes; o bien como consciente «mixtificación» operada para disfrazar y ocultar los intereses de quienes se sirven de ella; o como explicación (de nuevo Marx) en términos idealistas —en el sentido de no científicos— de la condición humana, cuya verdad está en las relaciones materiales de producción. Sin entrar a discutir la mayor o menor validez de estos significados, lo que no cabe duda es que la ideología definida por ellos no puede en modo alguno resolver satisfactoriamente el problema de la justificación del ordenamiento jurídico y, por ende, de las normas. En efecto, si la ideología es «falsa», mixtificada, no científica, no podrá dar lugar sino a una justificación con esos mismos caracteres y, por tanto, sólo aparente y destinada, antes o después, a disolverse, dejando de nuevo al ordenamiento (y a las normas) huérfanos de justificación; y no es eso lo que necesitamos.

Pero hay dos significados-base de ideología que pueden interesar porque, a diferencia de los mencionados, no implican un juicio negativo. Me refiero a la ideología: 1) como sistema de ideas y valores generalmente aceptados en un determinado grupo humano y en un tiempo dado; 2) como *«persuasive prescriptive belief»*[38], es decir, como propuesta de ideas y valores, de ordinario sistematizados orgánicamente, dirigidos a provocar la acción. En el primer sentido, la «ideología» tiene un significado *estático*, de expresión de una situación, siendo una noción muy semejante, si no idéntica, a la de cultura en la moderna acepción socio-antropológica y a la de *Weltanshauung* o representación del mundo. En la segunda acepción, que es conjugable con la primera, «ideología» tiene un significado *dinámico*, de proyecto de acción, teniendo su prototipo en la filosofía que «transforma el mundo», en la filosofía

---

37 Cfr. C. MONGARDINI, *Ideologia e società*, Roma, Bulzoní, 1969, especialmente c, I; más breve, pero perspicaz, J. PLAMENATZ, *Ideology*, London, 1970. [Hay trad, española de Paloma Villegas y David Huertas: *La ideología*. México, F.C.E., 1983], Para una importante profundización teórica, v. L. PAREYSON, *Verità e interpretazione*, Milano, 1971.

38 Así, PALMENATZ, *op. cit.*, pp. 72-84, en particular pp. 75-76.

que prueba mediante la praxis la propia verdad en cuanto poder transformaador, como expuso Marx en sus *Tesis sobre Feuerbach*. En ambos casos, el criterio de justificación del ordenamiento jurídico estriba en la coherencia substancial con la ideología, que proporciona así un ulterior criterio, además del formal, de justificación de las normas concretas (presentes y futuras), transformándolas de simples proposiciones prescriptivas en proposiciones obligatorias.

Tampoco este criterio de justificación, como ocurría con el *ex auctoritate,* es rechazable sin más, al menos por dos razones: 1) La aceptabilidad del criterio deriva de la intensa capacidad de aglutinación de la ideología (en los dos sentidos señalados), que permite a los individuos reconocerse e integrarse, tanto en el plano del sentimiento afectivo como en el de la comunicación simbólica. Por ello, la justificación ideológica es ampliamente eficaz por su referencia a ideas, valores y proyectos aceptados en común. 2) Puesto que en la ideología (en ambos sentidos) intervienen en gran medida los valores y los respectivos juicios de valor, la justificación se desenvuelve dentro de los cauces del discurso valorativo. En efecto, todo consiste en mostrar la coherencia de la formulación en términos normativos de un juicio de valor aceptado: de «C es V» (donde C designa un comportamiento y V un valor aceptado; por ejemplo, «tener conciencia de clase es bueno»), se pasa a «debe ser C» (en el ejemplo propuesto, «debe haber conciencia de clase»).

Sin embargo, también pueden hacerse objeciones decisivas al criterio ideológico, en parte coincidentes con las formuladas al criterio *ex auctoritate*. Efectivamente, el criterio ideológico 1) vale únicamente para quien comparte la ideología que ha orientado la elección normativa y en tanto la comparta; 2) no hace sino remitir el problema a un nivel superior; aún cuando la norma, o incluso el conjunto del ordenamiento, sean justificados por razón de su coherencia con la ideología, lo cierto es que ésta continúa sin ser justificada. Por consiguiente, la justificación por la ideología hay que situarla dentro del ámbito general de la que Jerzy Wróblewski denomina valoración «mediante referencia a un sistema axiológico dado»[39]. En nuestro caso, la norma X estará justificada cuando cumpla las condiciones necesarias para ser valorada positivamente conforme a aquel sistema, es decir, siempre en nuestro caso, cuando sea una coherente formulación en términos normativos del juicio de valor propio de la ideología en cuestión. Pero, como Wróblewski puntualiza con rigor, tal justificación es válida *únicamente dentro* del sistema axiológico de referencia y *únicamente si* no se la somete, a su vez, a

39 Cfr. *Systematically relativized statements,* en «Logique et Analyse», 1978, pp. 67-68.

valoración. Por lo tanto, los límites de aceptabilidad del criterio ideológico de justificación son bastante restringidos y siempre relativos.

Ahora bien, en ninguno de sus dos significados-base positivos puede considerarse que la ideología está dispensada de justificación. No está exenta de ella si «ideología» significa un patrimonio común de ideas y valores, pues en tal caso es un dato de hecho, histórico y sabemos que la existencia de un hecho no es, por sí misma, una justificación del mismo, ya que entonces ser y deber ser coincidirán. Y tampoco si «ideología» representa un proyecto de acción, un pensamiento transformador, porque entonces su justificación (como la de las normas por él producidas) no podría hacerse sino *a posteriori,* según fuera el éxito del proyecto o de la praxis transformadora. Antes de la verificación del éxito no hay más que una presunción o una espectativa de justificación; para decirlo con palabra llana, una especie de «ya veremos»[40]. Como se ve, la justificación ideológica tiene límites de validez no sólo restringidos y relativos, sino también decididamente hipotéticos.

Extraigamos conclusiones. El intento de fundar la obligatoriedad de las normas en su correcta pertenencia al ordenamiento jurídico no elimina en absoluto la necesidad de su justificación, ya que el ordenamiento, que es un sistema *normativo,* no puede autojustificarse. Por otra parte, la heterojustificación del ordenamiento, acudiendo a la autoridad o a la ideología, no resuelve el problema, ya que dichos criterios no están en condiciones de probar, *objetivamente* y en *última instancia,* el fundamento del propio ordenamiento. Por consiguiente, sigue quedando indeterminada la obligatoriedad de la prescripción normativa; o, dicho en otros términos, las razones por las que un posible comportamiento dado ha sido preferido a otros por estar elevado al rango de comportamiento qué debe ser no aparecen probadas de modo que se elimine toda sospecha de arbitrariedad.

---

40 La expresión italiana que utiliza el autor —«chi vivrà, vedrà»— es un juego de palabras cuya traducción literal no tiene fácil acomodo en nuestro idioma; sí en cambio la fórmula «ya veremos», muy expresiva en español [N. del T.].

III

Los requisitos de la justificación

En el capítulo primero se ha demostrado que la justificación es necesaria para establecer o fundamentar la obligatoriedad de la norma. En el segundo se ha intentado rechazar la tesis (expresada en varias versiones) que, separando la cuestión de la obligatoriedad de las normas de la de su justificación, pretende que ésta es innecesaria desde el punto de vista de la calificación jurídica, porque para fundamentar la obligatoriedad de las normas bastaría su correcta pertenencia al ordenamiento jurídico. El discurso retorna, pues, necesariamente a la norma y a la justificación de su obligatoriedad. Por otra parte, la más elemental observación de la realidad histórico-sociológica nos muestra que la obligatoriedad de un ordenamiento está en estrecha correlación con el reconocimiento de que, en su conjunto, sus normas (constitutivas y prescriptivas) son obligatorias; en efecto, cuando se difunde y generaliza el rechazo a aceptar la obligatoriedad de esta o aquella norma, en ese momento empieza el cambio progresivo del ordenamiento mismo, que puede, eventualmente, conducir a su total extinción y sustitución por otro. No es menester ninguna elaborada teoría jurídica para reconocer este hecho real.

Con todo ello queda patente que el dato real primario del derecho es la norma y no el ordenamiento jurídico[1]. Este es una construcción jurídica de segundo grado, por así decirlo, fruto más de la obra sistematizadora, en términos de coherencia racional, efectuada por la doctrina y por la jurisprudencia, que del legislador. Luego la primacía de la cuestión de la justificación de la norma queda confirmada y vuelve a presentarse intacta, en los mismos términos en que se planteó en el capítulo primero.

La justificación —ya lo hemos dicho varias veces, pero importa repetirlo aquí— consiste en la demostración[2] de que la opción en virtud de la cual un comportamiento posible es elevado al rango de comportamiento que *debe* ser (esto es, *obligatorio)* no es una opción arbitraria (lo que la haría siempre recusable), sino fundada y aceptable. ¿Es posible tal demostración? Esto es lo que nos proponemos indagar ahora, comenzando por determinar en este breve capítulo, sobre la base del aná-

---

1 Esto es lo que esta implícito y es válido en la teoría kelseniana de la *Grundnorm,* criticable en otros aspectos, como más arriba se ha señalado.

2 Perelman diría «en la argumentación»; en seguida se verán las razones por las que preferimos el término empleado.

lisis que vamos a realizar, cuáles son los requisitos de una justificación rigurosa. Concretados tales requisitos, se tratará de ver si y hasta qué punto permiten una justificación válida *objetivamente,* es decir, científica en el sentido lato de la palabra.

El primero de los requisitos está implícito en el hecho, puesto ya de manifiesto en el capítulo primero, de que la norma, al estar situada dentro del horizonte de la posibilidad, prescribe un comportamiento realmente posible, un comportamiento *serialmente* posible: para una pluralidad serial de personas y para una sucesión serial de tiempos. Lo cual implica que la norma: *a)* no contempla comportamientos de necesaria realización; *b)* no tiene la capacidad de hacer obligatorio un comportamiento imposible, como, por ejemplo, no respirar, caminar por el agua, etc. De donde se deduce con plena evidencia que *toda* justificación deberá demostrar antes que nada que: I) el comportamiento prescrito es realmente posible.

Anteriormente se ha visto ya que la observancia efectiva de la norma, es decir, su eficacia, no es prueba suficiente del reconocimiento de su obligatoriedad. Por lo tanto, la justificación deberá: II) traspasar el nivel de la simple verificación de la eficacia de la norma.

La crítica hecha a la teoría de la *Grundnorm* y de la autofundamentación formal del ordenamiento, así como a las tesis realistas e ideológicas, ha demostrado cómo las mismas proporcionan, de manera directa o indirecta, una justificación basada en presupuestos, principios o sistemas que, a su vez, precisan ser justificados. Por consiguiente y para evitar caer en un proceso *ad infinitum,* la justificación deberá: III) no reenviar a premisas no justificadas y no justificables.

Dado que la norma se proyecta siempre sobre una pluralidad serial de destinatarios, la justificación no podrá ser *ad hominem,* de modo que valga sólo subjetivamente sino que deberá valer objetivamente; es decir, deberá serle aplicable un factor cuantificador de universalización en relación al grupo humano destinatario de la norma, como, por ejemplo, los ciudadanos o los extranjeros residentes, los menores o mayores de edad, etc. En otros términos, la justificación deberá: IV) valer para todos los miembros del mismo universo lógico.

Finalmente, y puesto que al norma se refiere siempre a un comportamiento posible, es evidente que no tiene capacidad para: a) convertir en necesitado el acto posible que prescribe; por ejemplo, pagar los impuestos; b) convertir en imposible el acto posible que prohíbe; por ejemplo, no matar, no robar. Trátese, por tanto, de justificar la *elección* de un comportamiento que resulta obligatorio respecto a otras conductas que *continúan siendo siempre* materialmente posibles. Lo que significa que la justificación deberá probar que: V) el comportamiento prescrito, positiva o negativamente, es aprobable.

Entendemos que estos cinco requisitos son los que determinan, de modo suficiente y adecuado, las condiciones por las que una justificación de la opción normativa puede ser considerada como rigurosa. Sin embargo, no son todos de la misma condición, siendo posible y conveniente agruparlos, según su naturaleza, en dos clases: formales y sustanciales.

Tienen naturaleza formal los requisitos II, III y IV porque atañen a la *corrección del discurso* justificativo; el II en cuanto a su objeto (la norma y no la obediencia a ella); el III en cuanto al rigor de la congruencia del discurso (exclusión de premisas injustificadas); el IV en cuanto a su esfera de validez (el universo lógico del discurso). Poseen por el contrario naturaleza sustancial los requisitos I y V pues se refieren al *contenido* de la norma, al comportamiento por ella prescrito (que sea posible y que sea aprobable).

Los requisitos de la primera clase quedan satisfechos, simplemente, con el respeto a las reglas del procedimiento discursivo (¿de qué, cómo y quién habla?). Los de la segunda especie, en cambio, presentan dificultades muy diversas. El requisito I es, en la generalidad de los pasos, fácil de satisfacer de manera objetiva y, por tanto, irrecusable; pero no se puede decir lo mismo del V, pues la aprobación y la desaprobación implican juicios de valor cuya premisa la constituyen valores que son considerados de origen ya subjetivo, ya histórico-cultural por una buena parte de la cultura actual y, en particular, por el llamado no-cognoscitivismo ético. En el primer caso —origen subjetivo—, la justificación remite, en última instancia, a una opción de valor puramente personal que puede dar lugar a (intentos de) persuasión, pero no a una demostración convincente; en el segundo caso —origen histórico-cultural—, nos hallamos con la dificultad de determinar cuáles sean los valores aceptados en un ámbito histórico-cultural dado. Por otra parte, tal determinación será siempre opinable puesto que en cualquier ámbito histórico-cultural se da siempre, *de hecho,* una pluralidad de valores y de tablas de valores no coincidentes entre sí. Y tampoco en este caso la opción de valor admite una demostración convincente.

En ambos casos, por consiguiente, los valores (y los juicios de valor), sea cual sea su origen, son aceptables subjetivamente y, en cualquier caso, siempre discutibles conforme a criterios subjetivos. Parece claro que, desde esta perspectiva, la justificación pierde gran parte, si no toda, su fuerza convincente manifestándose como opinable y, por tanto, rechazable.

También la teoría de la argumentación, de Perelman, pese a su bienintencionado esfuerzo por racionalizar el discurso valorativo, tropieza con esa limitación. Por lo tanto, el problema de fondo planteado por la indispensabilidad de la justificación es el siguiente: ¿cómo puede justificarse el juicio de valor subyacente a la opción normativa? O, en otros términos, ¿cómo puede demostrarse que el comportamiento prescrito por la norma es aprobable o desaprobable?

Dos observaciones han de formularse antes de afrontar este problema, lo que se hará en los capítulos posteriores. En primer lugar, recuérdese que, como ya dijimos en la «Introducción», de hecho, de un modo u otro, más o menos explícito, más o menos válido, se suele siempre recurrir a una justificación de las normas precisamente para demostrar la aprobabilidad o no de su contenido prescriptivo. Ante un dato tan firme de la experiencia jurídica, que viene a confirmar las razones teóricas de la justificación, el estudioso no puede sustraerse a la tarea de hallar los procedimientos para hacer lo más rigurosa posible la justificación usual.

En segundo lugar, consideramos que el camino trazado por las teorías subjetivistas o histórico-sociológicas de los valores, y, en particular, por el no-cognoscitivismo ético, conduce en definitiva a un resultado inaceptable bajo dos aspectos concordantes. Ciertamente, si los valores y los juicios de valor (así subjetivos como históricos) se consideran *en última instancia* inverificables y, por tanto, injustificables[3], no hay más remedio que admitir que los mismos sólo son asumibles como axiomas indiscutibles; de donde resulta que, en el desarrollo de la investigación crítica, queda vedada la última y definitiva pregunta: ¿por qué esto es un valor? El discurso queda, pues, bloqueado por la «verdad» dogmática de aquellos axiomas, de modo que una filosofía que se profesa crítica por excelencia se manifiesta acrítica al excluir de la propia investigación la cuestión decisiva. Este es el primer punto que hay que tener presente.

Ciertamente es admisible que un discurso desarrollado en términos de pura lógica formal pueda recurrir, como la matemática, a axiomas; pero una indagación explicativa de la realidad existencial no puede escudarse tras ellos so pena de aceptar el relativismo ético, conforme al cual cada uno (y cada ámbito histórico) tiene sus propios valores indiscutibles, lo que implica rendirse al escepticismo ético[4] y todo escepticismo, como es sabido, es contradictorio.

Pero, aparte de esto, las mencionadas teorías conducen a un resultado inaceptable bajo un segundo aspecto. Las mismas, en efecto, encierran, si bien se mira, una singular paradoja, pues mientras procla-

---

3 Recuérdese, a título de ejemplo, las ya citadas opiniones de Bobbio y de Perelman (v. *supra* cap. II, nn. 12 y 13).

4 Cfr. G. Carcaterra, *Le ambiguità e le implicazioni nichilistiche della opposizione valutare-cognoscere*, en AA.VV., *La società criticata, Revisioni tra due culture*, Napoli, Morano, 1974, pp. 193-225.

man la insalvable separación entre el ámbito del ser y el del deber ser, acaban por resolver los valores en hechos, en datos *originarios* en cuanto que no precisan de ulterior aserto explicativo de su origen o fundamento. Vienen así a presentarse como datos por así decir «naturales», dado que se consideran indiscutibles en su ejercicio en cuanto valores[5]. Por consiguiente, el no-cognoscitivismo ético, llevado a sus últimas consecuencias, se funda en la facticidad empírica de las opciones de valor, ya sean subjetivas o histórico-culturales. En otros términos, el dato de la existencia de la opción o asunción de los valores hace por sí innecesaria la justificación no sólo de la opción valorativa sino también de los propios valores: éstos *están ahí* y por eso mismo son lo que *debe ser* y, por tanto, lo que tiene la capacidad intrínseca de determinar el deber ser de los comportamientos. Pero de esta manera se cae en la inferencia ser deber ser, que es rechazada por aquella corriente.

La paradoja puede analizarse más a fondo con resultados aún más insospechados, por lo menos para el jurista contemporáneo: en el fondo, la tesis según la cual los valores son considerados o como axiomas o como datos reales originarios da lugar a una especie de derecho natural. En efecto, si es verdad —como lo es— que la norma es la reformulación en un enunciado prescriptivo de un juicio de valor, el cual remite obviamente a Un valor[6], y si los valores son datos originarios e indiscutibles, resultará que la norma (ética o jurídica) se funda sobre ese dato «natural» (perteneciente a la naturaleza del hombre, se entiende) que son los valores. La verdad es que esta teoría no cabe calificarla sino como iusnaturalista.

Pero hay más. Si la opción (última) de valor es *indiscutible,* en el caso de que tal opción dependa de valores de origen puramente subjetivo constituirá un derecho (en el sentido de *right)* natural del sujeto: esto es lo que hemos llamado el neoiusnaturalismo libertino[7]. En el supuesto, en cambio, de que la opción dependa de valores puramente históricos, ello implica la convicción de que la historia es naturaleza exclusiva del hombre, por lo que el derecho histórico es el derecho «natural» del hombre; nos hallamos entonces ante un iusnaturalismo histo-

---

5 En esto —pero sólo en esto— se da una singular concordancia entre el no cognoscitivismo y la llamada «ética material de los valores» (*Materiale Wertethik)* de Scheler y Hartmann, la cual habla, precisamente, de un «serde de valor». Cfr. nuestro trabajo *La coexistencia como fundamento ontológico del derecho,* que se inserta como Apéndice de esta obra.

6 Considérese, a título de ejemplo, la siguiente secuencia: 1) la utilidad es un valor social; 2) el comportamiento C es útil socialmente; 3) debe realizarse C.

7 Cfr. nuestro trabajo *L'attuale ambiguità dei diritti fondamentali,* en «Riv de diritto civile», 1977, pp. 232-36.

ricista[8]. Adviértase que, en el primer caso, la absolutización del derecho del sujeto, consecuente a la «naturalidad» de su opción, trae consigo la imposibilidad de la norma; en el segundo supuesto, no existe posibilidad crítica alguna frente al derecho vigente. Aparte de sorprendente, es éste un iusnaturalismo bastante extraño que no dudaríamos en llamar fáctico en ambos casos.

Pero si las tesis según las cuales no es demostrable *objetivamente* la condición de aprobable o desaprobable de un comportamiento a causa de la inverificabilidad de los valores conducen a la aceptación del hecho producido, deberá existir otra vía de indagación para llegar a formular un juicio convincente de aprobación o desaprobación que responda a los requisitos de la justificación al principio enunciados; a menos que nos resignemos a abandonar la existencia a la fatalidad de los acontecimientos y el derecho a la irracionalidad. El problema que ahora hemos de afrontar radica, pues, en encontrar esa *otra vía* y fijar su itinerario.

Se ha visto ya que el intento de justificar las normas mediante el control de la coherencia puramente formal con y dentro del ordenamiento no conduce a un resultado satisfactorio o definitivo; por ello, la *segunda vía* estriba en justificar las normas mediante un discurso teórico, un discurso en términos de *verdad*. Por lo pronto, al menos el primero de los requisitos señalados para una justificación rigurosa («demostrar que el comportamiento prescrito es posible») implica un discurso en términos de verdad.

Pero más allá de este requisito o condición elemental que concierne a una *quaestio facti*, se trata de demostrar que el contenido de la norma —es decir, el comportamiento prescrito o prohibido— es, respectivamente aprobable o desaprobable (requisito V) según un juicio de valor válido para todos los miembros del mismo universo del discurso (requisito IV). Nótese bien que con esta presentación del problema no se pretende individualizar *el* valor supremo e irrefutable capaz de legitimar tal juicio universalmente válido y, por tanto, la norma en él asentada, sino el *modo*, el *criterio* conforme al cual se llegue a formular y proponer aquel juicio en términos convincentes.

La dificultad es evidente: ¿se puede (es correcto) demostrar la aprobabilidad o desaprobabilidad de un comportamiento mediante un discurso en términos de verdad? El nocognoscitivismo ético, como hemos recordado varias veces, responde negativamente porque la afirmación de que un aserto relativo a un comportamiento es verdad («los hombres se matan») no autoriza en absoluto a inferir de él que tal

8 Acaso sea ésta la razón por la que la *Filosofía del derecho* de Hegel lleva el subtítulo, sorprendente, de *Derecho natural... en compendio.*

comportamiento es éticamente aprobable («es justo que los hombres se maten») y, en consecuencia, que la norma respectiva («los hombres deben matarse») está justificada. El intento de fundamentar la norma o de determinar su contenido prescriptivo en un aserto de verdad significaría caer en el iusnaturalismo con su pretensión de descubrir un derecho natural, esto es, un derecho cuya deonticidad sería verdadera, aprobable según un discurso en términos de verdad.

Sin embargo, parece por lo menos desconcertante el intento de sustraer al control de la verdad todo el mundo del deber ser (y, por tanto, de la ética, del derecho, de la política, etc.). Lo que es más decisivo para las decisiones (perdónese el juego de palabras), aquello de lo que está entretejida la existencia, ¿no es ni verdadero ni falso? ¿Queda la existencia misma escindida en dos esferas sin comunicación alguna entre ellas, la de la verdad sin praxis y la de la praxis sin verdad? Por otra parte, fundar el deber sobre la facticidad de los valores y de las opciones de valor —riesgo más arriba señalado y que subyace, en última instancia, en el no-cognoscitivismo— o sobre una presunta objetividad del reconocimiento emocional de los valores —como propone la *Materiale Wertethit*— es contradictorio en el primer caso e ilusorio en el segundo.

Por lo demás, no son escasas las posiciones cognoscitivistas en la historia de la filosofía[9]. En sus grandes líneas, lo es la metafísica clásica; baste recordar el razonamiento de Sócrates cuando, respondiendo a la propuesta de Critón de sustraerse a la sentencia que le había condenado a muerte, afirma que hay que obedecer solamente a aquello que, a través del *discurso de razón,* es decir, de verdad, aparece como el mejor partido[10]. Pero también fuera de la metafísica clásica, y concretamente en el mundo moderno, se ha manifestado el cognoscitivismo, aunque con perfiles nuevos. Toda la teoría kantiana de los imperativos prácticos —de la que nos ocuparemos en seguida— se asienta sobre la demostración de la razonabilidad de los imperativos hipotéticos y sobre la racionalidad del imperativo categórico. Por su parte, Hegel —adversario declarado del emotivismo ético— apela con vigor a la verdad del mundo ético, que no puede «dejarse al albur del caso y del arbitrio», pues «si lo verdadero se encuentra fuera de él» estaríamos ante el «ateísmo del mundo moral», como escribe con incisiva frase simbólica[11]. Y no puede dejarse de citar a Heidegger y su hostilidad hacia la filosofía de los valores por el olvido del ser en ella implícito

9 Cfr. al respecto G. Kalinowski, *Le probléme de la vérité en morale et en droit,* Lyon, 1967. [Hay trad. española: *El problema de la verdad en la moral y en el derecho.* Buenos Aires, Ed. Universitaria, 1979].

10 *Critón,* 46 b.

11 *Filosofía del derecho,* prefacio, trad. cit., p. 15.

(o explícito); no en vano afirma que «el Estar ahí está 'en la verdad'», porque desconocer la apertura a la verdad del Estar ahí (*Dasein*), esto es, de la realidad humana, significa negar «su ser propio»[12].

Podrán compartirse o no estas posiciones, pero no sería prudente prescindir de ellas por razones exclusivamente lógicas; su riqueza teórica aconseja tenerlas en cuenta. Por otra parte, aunque se piense que cabe desentenderse de la metafísica clásica y, en un cierto sentido, también de Kant —como efectivamente ha ocurrido—, bajo la acusación de iusnaturalismo, sería muy difícil librarse, con el mismo argumento, de Hegel o de Heidegger: su apelación, precisamente porque es tan distinta en uno y otro, al tema fundamental de la verdad en el campo ético y, en general, en el de la existencia, da que pensar.

No hay duda, sin embargo, de que el descrédito en que ha caído, sobre todo entre los juristas, la idea de un derecho natural constituye un importante obstáculo en el camino de la justificación de las normas positivas mediante la verdad. Por poco experto que sea el jurista contemporáneo en los temas del cognoscitivismo y del no-cognoscitivismo, se siente fácilmente inclinado a implicar el problema de una justificación de las normas no formal ni psicosociológica con la repudiada noción de derecho natural. Por ello, y también porque sobre la noción de derecho natural se han acumulado muchos equívocos, afrontamos de inmediato esta dificultad; aclarado este punto, estaremos en mejores condiciones para volver sobre la cuestión de la justificación objetiva de las normas por medio de la verdad.

---

12 Cfr. *Essere e tempo,* ed. de P. Chiodi, Torino, Utet, 1969, pp. 337. [Trad. española de J. Graos: *El Ser y el Tiempo.* México, F.C.E., 1984 (5.ª ed.)].

IV

La justificación de las normas y la cuestión del derecho natural

SUMARIO: 1. El derecho natural y la falacia naturalista. 2. Compatibilidad teórica de las nociones de derecho «natural» y derecho positivo. 3. Dos especies del mismo género. 4. La utilidad explicativa de la noción de derecho «natural». 5. Réplica y contrarréplica.

El debate acerca de la existencia del derecho natural —largo y harto repetitivo por lo que se refiere a la ciencia jurídica contemporánea, breve y expeditivo si atendemos a la historia global de la cultura jurídica— parece estar ya cerrado, en sentido negativo, para la mayor parte de los juristas. Para los que así piensan, no existe un derecho natural y la expresión misma carece de sentido; puede todavía hablar de él algún filósofo proclive a la abstracción o animado de intenciones morales, así como la incansable caterva de los retóricos, pero no el jurista (tanto el teórico como el práctico), siempre atento, y con razón, a lo concreto. Debido a esa exigencia de concreción, el jurista actual se interesa sin duda más por la influencia sobre el derecho vigente de los factores económico-sociales, políticos e ideológicos, hasta el punto de casi vaciarlo de sentido propio (y, ciertamente, si el derecho se entiende como pura «forma» no puede alcanzarse otro resultado), desentendiéndose de cualquier derecho que no sea el positivo e incluso reputando absurdo interesarse por él.

Sería imposible dar cuenta aquí de las diferentes críticas a la noción de derecho natural formuladas, sobre todo a partir del siglo pasado, por numerosas corrientes de la filosofía contemporánea y en especial por destacadas teorías de la ciencia jurídica[1]. Creemos que es más provechoso realizar un sucinto examen de los puntos medulares de la cuestión sin detenemos en opiniones repetidas ya hasta la saciedad. Tanto más cuanto que el debate se ha desarrollado principalmente en torno a tres líneas problemáticas (importantes, sí, aunque no decisivas), a saber; *a)* sobre la fuente del derecho (¿naturaleza o autoridad humana?); *b)* sobre su aplicabilidad (¿ideal o judicial y coercible?); *c)* sobre sus contenidos normativos (¿deben ser justos o no?). En cambio, el problema fundamental, lógicamente previo a esos interrogantes, es netamente epistemológico; ¿el conocimiento integral de la experiencia jurídica autoriza a hablar (también) de un *derecho* calificable como *natural?* ¿Y en qué términos?

---

1 Una útil puntualización sistemática de tales posiciones se encuentra en N. Bobbio, *Giusnaturalismo e positivismo giuridico,* Milano, Communità, 1965. [Hay traducción castellana de parte de esta obra, realizada por Ernesto Garzón Valdés y Genaro R. Carrió: *El problema del positivismo jurídico.* Buenos Aires, Eudeba, 1965].

1. EL DERECHO NATURAL Y LA FALACIA NATURALISTA

Para atender las cuestiones que se acaban de plantear conviene arrancar de la posición de la filosofía analítica respecto a nuestro tema, que tiene la ventaja de plantearse precisamente el problema epistemológico y, por tanto, recoge las otras posiciones en un discurso teórico bastante claro y fácil de esquematizar.

La argumentación antiiusnaturalista sostenida por tal filosofía es reducible a los siguientes términos esenciales. La expresión «derecho natural» designa un derecho —es decir, un sistema de deber ser *{ought, Solleri)*— que se presenta como implicado, o deducido o fundado en el ser de la naturaleza. Por consiguiente, la validez antes incluso que la vigencia, de las prescripciones del derecho natural depende de un discurso teórico o alécico. En ello radica su diferencia fundamental con el derecho positivo, que es un deber ser establecido por la voluntad humana (en última instancia, por una opción de valor) y por consiguiente permanece dentro de un discurso normativo o prescriptivo. Pero es sabido que la filosofía analítica profesa el no-cognoscitivismo ético conforme al cual, como varias veces hemos recordado, siendo distintos los discursos relativos al ser y los relativos al deber ser *(is* y *ought, Sein* y *Solleri),* es lógicamente incorrecto inferir proposiciones de deber ser a partir de proposiciones de ser. Por lo tanto, y puesto que las teorías iusnaturalistas se basan en esa inferencia, caen en la llamada *naturalistic fallacy.*

De ello derivan dos consecuencias. Primera: «derecho natural» es una expresión *contradictoria* y carente de sentido, como «hierro leñoso», pues si lo que se designa es «derecho» (un deber ser), no es «natural» (un ser); si es «natural», no es «derecho». Segunda: el derecho natural, al estar viciado por la falacia naturalista, no puede implicar o fundamentar de modo correcto el derecho positivo, que es un deber ser. Por lo tanto, es una noción *inútil* si no engañosa.

Dejamos a un lado el tema de lo que el iusnaturalismo entiende por «naturaleza», tanto más cuanto que las diversas escuelas de derecho natural han dado a este término los significados más varios y no siempre satisfactorios; esta cuestión se abordará en capítulos sucesivos. Digamos, no obstante, de pasada que es bastante infrecuente, por no decir excepcional, que el término «naturaleza» haya sido asumido en el sentido de un determinismo naturalista, absoluto, lo que justificaría plenamente la argumentación de la filosofía analítica; para los iusnaturalistas en general, el derecho natural se refiere a la naturaleza del *hombre,* esto es, de un ente dotado —además de factores deterministas naturales (pasiones e impulsos)— de razón y de voluntad, o sea, de la capacidad de discernir y de elegir sobre la base de ese discernimiento.

Nos limitamos por ahora a considerar la cuestión del derecho llamado «natural» (cualquiera que sea su significado) bajo el prisma de su *utilidad,* es decir, de la *función* que tradicionalmente se le ha atribuido en relación con el derecho positivo. En este punto creemos que la filosofía analítica no está en lo cierto y que, por tanto, el derecho natural no es, desde luego, inútil.

Hay que reconocer que, desde el punto de vista histórico y filosófico, el derecho llamado «natural» ha realizado la función —o, por lo menos, ha sido pensado y presentado así— de deber-ser de la manifestación histórico-empírica del derecho positivo. Este es sin duda *norma* (un conjunto o sistema de normas) y, por tanto, por su estructura lógica, un deber-ser; pero su peculiaridad está en constituir, en cuanto *positivo, la manifestación de un deber-ser:* un dato histórico real, constatable empíricamente, susceptible de descripción pero también de valoración. Y es precisamente a esa norma positiva —o, por mejor decir, puesta fácticamente— a lo que el derecho llamado «natural» viene opuesto o propuesto como lo que la misma *debe* o *debería* ser.

Históricamente, parece suficientemente probado que la idea del derecho natural se forma cuando reglas, usos y costumbres tradicionales de un cierto ámbito cultural (y, por tanto, manifestación de un derecho positivo), al confrontarse con otros sistemas culturales y jurídicos dejan de considerarse como el único derecho existente o pensable, este último, sí, (casi) naturalmente dado. Esta es la situación histórico-existencial en la que se fue elaborando la idea de un derecho «natural» distinto del derecho positivo, como *deber-ser* (poco importa, de momento, si jurídico o moral), con la función de orientar, modificar, etc., la realidad fáctica de los ordenamientos jurídicos particulares existentes.

Tal es lo que ocurrió en la antigua Grecia cuando sus ciudades extendieron las relaciones, de modo estable y no sólo conflictivo, a países de otras áreas culturales. Y eso mismo es lo que se ha producido nuevamente en otros momentos significativos de la historia; así, el descubrimiento del Nuevo Mundo, cuya heterogeneidad cultural y jurídica sacudió las tranquilas certezas de la cultura europea y, en particular, de la jurídica, produjo un vigoroso renacimiento iusnaturalista, siendo de recordar la importancia de la Escuela española del Derecho natural, desde Vitoria a Suárez. Incluso en nuestros días el derecho «natural» es evocado, de modo explícito o implícito, con el fin de eliminar las discriminaciones raciales, promover los derechos del hombre, etc., es decir, para señalar el deber-ser del derecho positivo.

Y no es distinta la posición del «derecho natural» desde el punto de vista filosófico. Sería ciertamente difícil ofrecer aquí un cuadro sintético de las diferentes teorías filosóficas del derecho natural, pero puede ser suficiente la indicación de algunas temáticas ejemplares. El derecho natural ha sido pensado o como el derecho oculto respecto del visible (la esencia escondida de la existencia: piénsese en Platón), o como el derecho originario, después desaparecido por las vicisitudes sociales (el derecho del estado de naturaleza), o, en fin, como lo ideal respecto de lo real o lo racional respecto de lo fáctico. Pero aunque pensado bajo aspectos muy diversos, si bien frecuentemente relacionados entre sí, siempre aparece, frente al derecho positivo, como lo que *debe ser* (descubierto, restablecido, traducido en actos, etc.), respecto a lo que *es* (aparente, establecido, practicado, etc.).

La argumentación lógico-formal de la filosofía analítica no invalida, por tanto, la *función* del derecho llamado «natural». Puesto que el derecho positivo tiene una existencia históricofáctica, y por tanto en el plano de la realidad, la falacia naturalista no impide en modo alguno pensar o proponer el derecho llamado «natural» como el deber-ser del derecho positivo, es decir, como su superior criterio normativo[2]. Desde este punto de vista, la *función* del llamado «derecho natural» es no sólo enteramente legítima sino además indispensable. De no ser así, el derecho positivo, por el simple hecho de *estar ahí* debería ser reconocido también de inmediato como lo que *debería ser*. ¡Pero en ese caso se caería de verdad en la falacia naturalista!

Adviértase que cuanto hemos venido diciendo no se refiere al *contenido* de la función históricamente ejercida por la idea del derecho natural, que varios autores identifican como función de libertad frente a la omnipotencia del legislador[3]. No entramos a tratar esta cuestión, que requeriría no pocos *distingos entre las diferentes corrientes iusnaturalistas, bastándonos haber demostrado la legitimidad de la posición del llamado* derecho natural como criterio normativo del derecho positivo (deber-ser *metapositivo).*

Pero, reconocido esto, quedan aún abiertas y sin resolver cuestiones importantes, acaso más importantes que la de la función, a saber: si este deber-ser metapositivo puede ser considerado «derecho» o es más bien una directriz metajurídica, moral o ideológica[4]; y si, en el caso

---

2 En 1905 escribía ya G. Del Vecchio: «la existencia propia del derecho natural es puramente deontológica y normativa, es decir, equivale a un *deber ser* y no a un *ser de hecho (I presupposti filosofici della nozione del diritto,* incluido después en *Presupposti, concetto eprincipio del diritto,* Milano, Giuffrè, 1959, p. 22). [Hay traducción castellana de Cristóbal Massó: *Supuestos, concepto y principio del derecho.* Barcelona, Bosch, 1962; el pasaje citado corresponde a la pág. 30 de esta traducción].

3 En este sentido, v. sobre todo A. Passerin D'Entreves, *La dottrina del diritto naturale.* Milano, Communità, 1962.

4 En este último sentido, también Bobbio se proclama iusnaturalista; cfr. *Giusnaturalismo,* cit., p. 146.

de reconocerse como derecho, puede ser llamado «natural» y en qué sentido. A la primera cuestión, que es prioritaria, conviene responder procediendo gradualmente.

2. COMPATIBILIDAD TEÓRICA DE LAS NOCIONES DE DERECHO «NATURAL» Y DERECHO POSITIVO

A primera vista, entre derecho «natural» y derecho positivo parece darse una incompatibilidad radical y no, dicho sea de paso, a causa de sus respectivos calificativos: en el lenguaje (y por sentido) común, ¿qué hay más «positivo» que lo «natural» ni más «natural» que lo «positivo»? Pero las cosas no funcionan así en la discusión doctrinal de los especialistas, que no se conforman con utilizar esos adjetivos (natural y positivo), sino que se preocupan, y con razón, de explicitar su significado teórico. Y es a este nivel donde la incompatibilidad se presenta como radical, pues tanto los iusnaturalistas como los iuspositivistas suelen proceder a definir los dos derechos mediante la oposición de los predicados atribuibles a sus normas.

En términos muy esquemáticos y generales, dejando a un lado las innumerables «variaciones sobre el tema», se puede afirmar que el derecho positivo es considerado o presentado como variable, particular, producto de la voluntad, artificial (en el sentido de creado por obra del hombre). Por eso se opone radicalmente al derecho natural, ya que éste se considera, en cambio, invariable[5], universal, racional, obra de la naturaleza. Y subyacente a esa serie de predicados contrapuestos está la rígida oposición entre historia y ser (en sentido ontológico); rígida y, por ello, poco convincente.

Sobre la base de esas contraposiciones y de la indiscutible existencia del derecho positivo con los caracteres indicados, el iuspositivista llega a la conclusión de que no existe un *derecho* natural. Pero si nos situamos, como ahora lo hacemos, en el plano teórico de la pura *pensabilidad* y no en el de la validez normativa, tal conclusión resulta arriesgada y poco sólida. En efecto, desde un punto de vista lógico, las mencionadas oposiciones sólo autorizan a afirmar que lo que es predicable del derecho positivo no es predicable del natural y viceversa; pero no autorizan en absoluto a negar la posible (en términos de pensabilidad) *realidad* de *dos* sistemas de normas jurídicas o de *dos* niveles de juridicidad, cada uno de ellos con predicados diferentes y hasta opuestos en cuanto referidos a ámbitos heterogéneos. Baste recordar algunos conocidos ejemplos históricos: para Aristóteles y Santo Tomás, en el derecho

5 Pero no en todo ni por todos los iusnaturalistas; baste recordar, en el pasado, a San Agustín y a Santo Tomás; por lo que hace a nuestro tiempo, desde Stammler la lista se hace inacabable.

natural entran las reglas generales y en el positivo las determinaciones; para Hobbes y Spinoza, el derecho positivo rige en las relaciones civiles y la ley de la naturaleza en aquellas en que interviene el Estado; más modernamente, los derechos fundamentales se atribuyen a veces al derecho natural y las leyes al positivo, etc.[6]. En esta perspectiva, la oposición lógica de los predicados de los dos tipos de derecho no implica en absoluto la inexistencia de uno u otro, sino que ambos persisten como posibles y compatibles, al menos en teoría.

Una segunda observación nos parece pertinente. Los atributos o predicados a los que se recurre habitualmente para definir y distinguir los dos derechos no son pensables sino *emparejados*. ¿Se puede acaso pensar o definir lo variable sin hacer referencia, de modo explícito o implícito, a lo invariable, lo particular sin lo universal, lo artificial sin lo natural y así sucesivamente? El concepto correlativo es la condición de su pensabilidad recíproca; no hay que ser hegeliano para admitirlo ni recurrir a una dialéctica que trasmutase el uno en el otro por *Aufhebung*. Por lo demás, Husserl ha puesto de relieve de modo pertinente, en un terreno distinto pero análogo, que en el proceso de autocomprensión el *yo* y el *otro se* dan siempre y necesariamente emparejados; y, en términos más generales, la configuración dual es para Husserl típica de la comprensión trascedental[7].

En consecuencia, entendemos que puede afirmarse que pensamos el derecho positivo *porque* pensamos el derecho «natural» como teóricamente posible. Para negar su posibilidad *teórica* habría que llevar el razonamiento al límite, es decir, negar la pensabilidad de lo invariable, de lo universal, etc., o bien la de lo variable, lo particular, etc., lo que representa un error lógico y antropológico para preservarnos del cual debería bastar la conocidísima distinción kantiana entre «mundo sensible» y «mundo inteligible». Comoquiera que sea, es un error en el que no cae, por cierto, el iusnaturalismo.

3. Dos especies de un mismo genero

La compatibilidad teórica entre eso que se llama derecho «natural» y el derecho positivo no es todavía suficiente para probar la juridicidad de aquél. Desde un punto de vista lógico es indispensable seguir adelante y mostrar que es correcto pensar ambos como especies (o especificaciones) del mismo género «derecho», ya que es totalmente

6 Naturalmente, no entramos en los detalles de las complejas articulaciones de estas distinciones, cuya validez, además, no examinamos.

7 Cfr. *Meditaciones cartesianas*, V. § 51. [Hay trad, castellana, entre otras, de José Gaos y Miguel García Baró. México, F.C.E., 1985; la referencia del texto corresponde en esta trad. a las pp. 175-177].

legítimo admitir la existencia de normas invariables que no sean jurídicas sino, por ejemplo, éticas.

Para los iusnaturalistas no se plantea el problema; ambos son derechos, especies del mismo género. Valgan para demostrarlo dos ejemplos famosos especialmente eficaces en tal sentido por su precisión sistemática; los del Aquinate y Leibniz. En la *Summa theologiae,* aquél define primero el género *lex* para especificar después su división en *lex aeterna, lex naturali, lex humana.* En los *Elementa iuris naturalis,* distingue Leibniz tres grados del derecho en el cuadro general de la juridicidad; *ius strictum* o *proprietatis, ius aequum* o *societatis* y *ius pietatis.* Aparte la diferencia de las perspectivas filosóficas y de los criterios de clasificación —para Santo Tomás, la fuente y el ámbito de vigencia; para Leibniz, el contenido de las normas—, ambos autores coinciden en reconocer la juridicidad de uno y otro sistemas sobre la base de la relación de especie a género.

La misma opinión parece sostenerse por los iuspositivistas al utilizar la expresión «derecho *positivo»,* ya que si ese derecho necesita, para ser definido adecuadamente, ser especificado con el atributo de «positivo», ello implica que se considera como una especie del género «derecho» *simpliciter dictum.* Pero esa especie no puede ser única, ya que en tal caso vendría a coincidir con el género y no habría necesidad de una calificación propia. Esta (posible) coincidencia entre iusnaturalistas y iuspositivistas en la tesis de las dos *species* de un único *genus* no es escandalosa ni el resultado de un eclecticismo simplista; como acertadamente observa Bobbio, tal teoría no es «ni iusnaturalista ni positivista, sino un *tertium quid*»[8] que merece tomarse en consideración.

Solo que los iuspositivistas han sido siempre más rígidos a la hora de excluir al presunto derecho natural del género «derecho», afirmando que éste coincide por entero con el derecho positivo. En ese sentido, es clara la posición de Bergbohm en el siglo pasado, y de Kelsen, Olivecrona o Ross en nuestros días, por no citar sino los nombres más relevantes; pero ya Tomasio se expresaba con claridad en los mismos términos[9]. Para los iuspositivistas, pues, el atributo «positivo» es considerado como un puro pleonasmo, residuo de la vieja polémica, ya superada, con un «derecho natural» cuya inexistencia está demostrada definitivamente. Sin duda admiten que el género «derecho» se subdivida en especies (por ejemplo: derecho consuetudinario y derecho escrito) y en subespecies (como derecho internacional y derecho

---

8 Cfr. *Giusnaturalismo,* cit., p. 144; desde la perspectiva de la teoría del derecho, Bobbio no se declara ni iusnaturalista ni iuspositivista; *v. ibid,* p. 146.

9 Cfr. *Fundamenta iuris naturae et gentium,* 1, 5: *«cave tamen, ne putes legem naturalem et positivam, divinam et humanam, esse species eiusdem naturae».*

interno), etcétera, pero se trata siempre de articulaciones internas del único derecho existente, que es el positivo.

Esta solución es, no obstante, demasiado simplista para que resulte aceptable. Obsérvese en primer lugar que la reducción integral del derecho a sólo el derecho positivo es el resultado de una operación intelectual bastante discutible y a la que se puede imputar que incurre en una petición de principio. En efecto, se empieza por definir el género «derecho» sobre la base de caracteres específicos del derecho positivo; por ejemplo: derecho es la expresión normativa de la voluntad del legislador, o aquello que los juristas establecen, o una prescripción efectivamente coercible, etc. A continuación, se comprueba que el «derecho natural» no posee tales caracteres y de ahí se concluye, con mayor o menor triunfalismo, que es derecho solamente el positivo.

En segundo lugar, es de recordar una pertinente objeción formulada por Hermann Kantorowicz en su libro *The Definition of Law.* si sólo el derecho positivo fuera derecho, habría que excluir de la «historia de la ciencia jurídica» todos los autores y teorías iusnaturalistas, lo que considera absurdo[10]. Esta sensata observación de Kantorowicz se puede reforzar con las dos consideraciones siguientes. La primera es de índole gnoseológica: Karl Popper, al establecer lo que llama el «mundo tres» (en el cual entran las teorías), ha demostrado que el conocimiento de los hechos (del «mundo uno») pasa a través del filtro de las teorías ya existentes, las cuales nos dan una inevitable e indispensable pre-comprensión —para usar el término heideggeriano— de los hechos. Lo que confirma la necesidad de tener en cuenta, aunque sea de modo crítico, las teorías iusnaturalistas no sólo desde el punto de vista de la «historia de la ciencia jurídica» sino también para comprender mejor el derecho desde el punto de vista teórico.

La segunda consideración es de naturaleza histórico-fáctica: a lo largo de muchos siglos, un derecho llamado «natural» —esto es, no establecido por leyes, no puesto formalmente, y por lo demás, no nacional— ha sido efectivamente respetado por los individuos y, lo que es más importante, aplicado por los tribunales. Recientemente Gino Gorla ha llamado la atención, con numerosos y luminosos estudios, acerca de la importancia de la *communis interpretado* jurisprudencial fundada en el «común discurso natural» y desarrollada, con claro ma-

10 Cfr. *La definizione del diritto,* trad, it.; Torino, Giappichelli, 1962, pp. 54-55. [Hay trad, española de J. M. de la Vega: *La definición del derecho.* Madrid, «Rev. de Occidente», 1964; ed. de A. H. Campbell, con una introducción de A. L. Geodhart.]

tiz cosmopolita, en el ámbito «de nuestro mundo civil comunicable»[11]. No se trata, puntualiza Gorla, del «derecho natural abstracto» del iusnaturalismo del siglo XVIII[12], sino, por decirlo así, de un derecho natural vigente en concreto y, como pone de relieve Gorla, durante muchos siglos: desde el XII hasta el XVIII, llegando hasta la mitad del XIX. Pero, aparte de esta decisiva experiencia histórica (que, por otra parte y como subraya dicho autor, está renaciendo actualmente bajo nuevas formas), el derecho natural tiene todavía un puesto eminente en el derecho canónico (que es derecho positivo) de la Iglesia católica y es aplicado por sus tribunales. Sin que quepa olvidar el hecho de que para un intemacionalista como Giuseppe Barile «el derecho internacional no escrito de la *época actual*... está vigente en estado de fenómeno puro, ligado inmediatamente a toda la realidad histórica y no constreñido en reglas formalmente puestas», siendo, por tanto, una especie de «derecho natural vigente»[13].

Todo lo cual prueba que el derecho «natural» no era (y en algunos casos, no es) considerado como una pura abstracción ni como un deber ser exclusivamente moral. En consecuencia, la limitación del derecho a sólo el derecho positivo implicaría la negación del carácter jurídico a algo que ha sido (y es) considerado derecho no solamente en el ámbito de la teoría jurídica sino también en el de la experiencia concreta.

Las observaciones precedentes permiten afirmar que «derecho» es un género cuya definición, para ser aceptable, debe liberarse de la petición de principio que subyace en el razonamiento iuspositivista y acoger también, por tanto, a algo que ha sido teorizado y aplicado en el curso de la historia como *derecho* «natural». No hay que olvidar que una definición es correcta no sólo por la rigurosa coherencia técnica de los términos que la integran sino también por su «función cognoscitiva»[14], es decir, por su capacidad de dar cuenta y de interpretar de modo preciso los fenómenos empíricos a los que se refiere. Y puesto que el derecho «natural» ciertamente ha tenido (ya veces se sostiene que la tiene todavía) una realidad empírica, esto es, una aplicabilidad de hecho, la definición del género «derecho» debe comprender los ele-

---

11 Las frases entrecomilladas son de De Luca en el tratado *Dello stile legale* (cap. XVII, § 25), citadas por el propio G. Gorla en *Unificazione «legislativa» e unificazione «giurisprudenziale», L'esperienza del diritto comune* («Foro italiano», 1977, fase. 4, p. 11); aunque merece verse todo el artículo.

12 *Art. cit.*, p. 18.

13 Cfr. *La rilevanza e l'integrazione del diritto internazionale non scritto e la libertà di apprezzamento del giudice*, Milano, Giuffrè, 1953, p. 19 (la cursiva es nuestra).

14 Cfr. U. SCARPELLI, *La definizione nel diritto*, en «Jus», 1959, pp. 496-506; también en AA.VV., *Diritto e analisi del linguaggio*, Milano, Communità, 1976, pp. 183-197.

mentos comunes a las dos *species* jurídicas de que venimos hablando. Unicamente podría llegarse a excluir uno u otro derecho en el caso de que no pudieran encontrarse tales elementos comunes.

Y esos elementos comunes existen, pese a la oposición que se da entre los atributos de ambos derechos. El *primer* elemento lo constituye la estructura lógica de la norma, su estatuto deóntico. En efecto, prescindiendo de sus orígenes y de su contenido, las normas de uno y otro derecho son (o pueden ser formuladas como) enunciados prescriptivos (*oughtstatements, Soll-Satze*) relativos a comportamientos. Sin embargo, como se vio en el capítulo I, la estructura prescriptiva de los enunciados no es suficiente para calificarlos como normas jurídicas (*Soll-Normen*); es necesario que resulten obligatorios no subjetiva sino objetivamente. Ahora bien, si el iuspositivista no tiene dudas (y tiene bastante pocas) sobre la obligatoriedad de las prescripciones del derecho positivo, el iusnaturalista piensa de la misma manera respecto de las del derecho «natural»; esta es cabalmente la razón que ha hecho posible su observancia y aplicación, aunque no total ni rígida, en el curso de la historia. La conocida tesis agustiniano-tomista *«non erit lex quae iusta non fuerit»* no se opone ciertamente a la deonticidad formal del enunciado sino a su obligatoriedad. El iusnaturalista considera, incluso, que las normas del derecho «natural» poseen una fuerza vinculante más pura, más intrínseca, más objetiva (¡universal!) que las normas positivas. La obligatoriedad objetiva de las respectivas normas es, por tanto, el *segundo* elemento común a los dos tipos de derecho.

El género «derecho» queda suficientemente definido en sus líneas maestras por el hecho de que se expresa mediante proposiciones *prescriptivas* objetivamente *obligatorias.* Lo que dentro del mismo género distingue a las dos *especies* es —según una tesis clásica— la distinta *fuente* de la obligatoriedad de sus normas, punto éste en el que vienen a coincidir el iuspositivista y el iusnaturalista, por lo menos en el plano de la discusión teórica y académica. Recordemos de modo totalmente provisional y esquemático cuáles son las dos fuentes de la obligatoriedad habitualmente reconocidas. Para el iuspositivista la obligatoriedad del derecho positivo deriva de su ser *in civitate positum* por el aparato legislativo. La cuestión es menos simple para los iusnaturalistas, muchos de los cuales apelan a la *evidencia* de las prescripciones del derecho natural apoyándose en este razonamiento: es evidente lo que es natural y viceversa. Pero ésta es una argumentación ambigua e ilusoria. Ambigua, porque también el dictado de los impulsos sensitivos es evidente y sin embargo no lo reputamos en absoluto obligatorio. Ilusoria, porque la obligatoriedad del *sollen* de una prescripción no puede percibirse *inmediatamente* sino en el caso de proposiciones generalísimas y formales, vacías de contenido, como «haz el bien y evita el mal». Digamos de pasada que si el derecho «natural» se limitase a ese tipo de prescripciones sería muy poco jurídico y tendría escasísima utilidad normativa; en cualquier caso, la evidencia sería mediata, es decir, no *per se nota,* sino *nota per aliud*[15]. Se requiere, pues, una demostración, o sea recurrir al ejercicio de la razón; digamos entonces, siempre de modo provisional, que la fuente de la obligatoriedad del derecho natural es la racionalidad de sus prescripciones, tesis totalmente clásica pues la naturaleza específica del hombre suele identificarse como *rationalis substantia* según la célebre definición de Boecio; y Kant la concibe del mismo modo.

Todo cuanto venimos diciendo nos parece perfectamente sostenible desde un punto de vista puramente teórico. Y, sin embargo, persiste todavía una duda: para una comprensión de la real experiencia jurídica, ¿qué utilidad puede tener la distinción entre las dos *species'!* Es verdad que en el apartado 1 del presente capítulo se ha demostrado la legitimidad y la utilidad de la función del llamado derecho natural en relación con el positivo; pero allí se reconocía tal utilidad en el plano de la valoración crítica del derecho vigente, mientras que ahora se trata de establecer la utilidad del derecho «natural» en el terreno explicativo. Por otra parte, allí se dejó a un lado la cuestión de la *juridicidad* del llamado derecho natural, que podía, por tanto, ser considerado ética y no derecho mientras que ahora ha resultado que también es *derecho* en sentido así lógico —por el estatuto de sus normas— como existencial puesto que ha sido (y es) aceptado como objetivamente obligatorio. Por consiguiente, la cuestión de su utilidad se replantea nuevamente en estos términos: ¿sirve la especificación «derecho natural» para hacer más clara la experiencia jurídica?

4. La utilidad explicativa de la noción de derecho «natural»

Para demostrar la utilidad explicativa de la noción de derecho «natural» no es necesario probar que todo cuanto haya sido acogido bajo esa expresión tenga una efectiva eficacia explicativa. Bastará mostrar que la idea de un derecho obligatorio por su racionalidad (y no por la simple *positio)* ofrece en algunos casos o ámbitos significativos Una explicación más satisfactoria que la que proporciona la noción positivista del derecho.

Consideremos el caso del derecho internacional. Para la doctrina común, concretada acertadamente por Kelsen, aquél no se agota en el «derecho paccionado», que presenta caracteres similares a los del de-

---

15 V. las atinadas observaciones de CH. PERELMAN, *Evidence et preuve,* en *Justice et raison,* cit., p. 142.

recho positivo interno, sino que comprende también otro nivel jurídico prioritario —de derecho no escrito—, que es Considerado como el fundamento de la juridicidad del derecho internacional. Ahora bien, como recordamos más arriba (apartado 2), Giuseppe Barile no duda en calificar al «derecho internacional no escrito» como «derecho natural vigente» precisamente porque no entra en el acostumbrado esquema definitorio positivista, pese a lo cual lo declara legítimo objeto de la *Rechtsfindung* del juez y de obligada aplicación por éste. Con lo que se renueva, en términos jurídicos depurados, la tesis tradicional conforme a la cual el derecho «natural» se manifiesta en el ámbito de las relaciones *inter gentes*. Por lo demás, también Ago ha denunciado los límites de la noción de derecho positivo a los efectos de explicar el derecho internacional real, hablando de un «derecho espontáneo»[16] que tiene no poca afinidad con lo que se esconde bajo la expresión «derecho natural».

Pero hay casos todavía más elocuentes que el del derecho internacional, como es el de la equidad. No me refiero a la equidad en sentido genérico, es decir, a la deliberación conforme a una «razón sin pasión» (por usar una conocida fórmula aristotélica), que exigencias de justicia reclaman tanto del legislador como del juez. Me refiero al juicio de equidad en sentido técnico, al juicio sobre el caso excepcional que no encaja sin «*summa iniuria*»[17] en la situación concreta prevista por la ley. En tal supuesto, si no queremos erigir al juez en árbitro subjetivo (es decir, arbitrario) entre las partes —contradiciendo con ello el concepto mismo de juez y de juicio—, es incuestionable que la decisión pronunciada por aquél (que es norma particular) ha de estar fundada en razón sobre la base de la «naturaleza del hecho», esto es, de las relaciones entre las partes. Lo cual coincide con los caracteres del llamado derecho natural, pese a que el iusnaturalismo «moderno», a diferencia del clásico, ha despreciado la equidad.

Es de recordar también el caso de los derechos fundamentales del hombre. El iuspositivista no puede sino presentarlos como *relativamente* fundamentales, es decir, fundamentales *secundum quid* o *überhaupt*, ya que según la tesis del positivismo jurídico estos derechos no pueden tener otro fundamento que, o bien la constitución, o bien un convenio internacional, lo cual implica, en buena lógica, que pueden ser modificados, sustituidos o suprimidos libremente por el constituyente o por un pacto internacional posterior. En otras palabras, la norma positiva

---

16 Cfr. R. AGO, *Diritto positivo e diritto internazionale*, en *Scritti di diritto internazionale in onore di T. Perassi*, Milano, Giuffrè, 1957, I, pp. 3-65.

17 Para un agudo examen de esta cuestión, v. los trabajos de F. D'AGOSTINO, *Epieikeia, Il tema dell'equitá nell'antichita greca*, Milano, Giuffrè, 1973, y *La tradizione dell'epieikeia nel medioevo latino*, ibid, 1976.

no puede hacer obligatoria para el constituyente o para el «legislador» internacional la intangibilidad de esos derechos[18]. Pero es precisamente tal intangibilidad la que es atribuida o reclamada para ellos por la conciencia común, pues de otro modo no se entendería por qué son designados como «derechos *del hombre*» ¿Acaso depende del legislador la determinación de aquello que pertenece al hombre en cuanto tal?

Para remontar esta dificultad, el iuspositivista recurre con frecuencia a la historia: es el curso de la historia (de la cultura) lo que ha provocado el surgimiento de los derechos fundamentales y ha hecho obligatoria la intangibilidad de los mismos. Pero el argumento es bastante débil. Apelando a la historia, se corre el riesgo de caer en la falacia naturalista, porque sería el *dato histórico* (y por tanto, un dato de *ser*, un *is*, un *sein)* lo que determinaría el *deber ser* del respeto de esos derechos. Por otra parte, si para eludir tal riesgo se atribuye a la razón histórica (a la razón que interpreta la historia) la capacidad de hacer obligatoria la intangibilidad de los derechos fundamentales, entonces se sale del cuadro del positivismo jurídico en cuanto que se fundamenta el deber ser en su racionalidad. Hay que admitir, en fin, que la historia no es razón suficiente para la permanencia de una obligación, pues la historia es mudanza y, por lo mismo, no establece nada como definitivo.

Por el contrario, la noción de derecho «natural» ofrece a la conciencia común una interpretación bastante más aceptable de los derechos fundamentales, pues en la tesis iusnaturalista, la razón, descubriendo las exigencias de la estructura ontológica del hombre, legitima el carácter *simpliciter* fundamental de tales derechos, es decir, hace obligatorio el respeto a los mismos incluso por parte del constituyente o del legislador internacional.

Evidentemente, puede negarse que haya derechos fundamentales intangibles para la norma positiva; pero, aparte de que ello no parece corresponder con la realidad —se pueden identificar algunos de esos derechos que han estado presentes en toda cultura desde tiempo inmemorial—, si de hecho así se admitiera, la fundamentación iusnaturalista será siempre más convincente que la positiva.

El tercer caso al que vamos a atender —los otros dos son el de la equidad y el de los derechos fundamentales— es el de la persistencia de las normas, esto es, el del continuado reconocimiento de su obligatoriedad[19]. ¿Cómo explicar este dato indiscutible de la experiencia jurídica?

---

18 V. nuestro trabajo *L'attuale ambiguità dei diritti fondamentali*, cit, pp. 225-27.

19 Sobre el problema de la persistencia en relación con el derecho, v. nuestros artículos *Le droit et l'appropiation du temps*, en AA. VV. *Temporalité et aliénation*, a cargo de E. Castelli, París, Aubier, 1975, pp. 179-190, y *Diritto e tempo. Linee*

¿Basta atribuirlo, como hace el iuspositivista, a la autoridad y a la fuerza, es decir, al aparato normativo sancionador del ordenamiento positivo? Entendemos que no. Ya hemos demostrado en los capítulos I y II que ni la autoridad ni la fuerza tienen capacidad para fundamentar la obligatoriedad de las normas. Pero aunque nos limitemos a considerar la pura y simple observancia fáctica de las mismas, hay que reconocer que autoridad y fuerza sólo están en condiciones de asegurar persistencia a las normas en la medida en que la primera sea reconocida y la segunda sea ejercida o constituya una amenaza eficaz.

Ahora bien, hay normas jurídicas —como, por ejemplo, las que versan sobre los contratos, o las procesales— que en su *núcleo prescriptivo esencial* conservan su capacidad vinculante desde hace milenios y en culturas diversas, siendo aceptadas «naturalmente», como suele decirse, esto es, no «a la fuerza» y sin que sean referibles a una autoridad concreta. Parece, pues, que es bastante más concorde con la experiencia admitir que persisten aquellas normas que tienen un significado transhistórico, no contingente, las cuales no pueden ser sino las normas cuyo carácter obligatorio ha sido establecido por la razón y confirmado a lo largo del curso mudable de la historia. Encontramos aquí de nuevo lo esencial de la noción de derecho «natural».

5. REPLICA Y CONTRARRÉPLICA

El iuspositivista estará dispuesto, probablemente, a aceptar las tesis que han venido exponiendo en los apartados precedentes. Podrá conceder que lo que se ha denominado tradicionalmente «derecho natural» tiene una legítima y útil función crítico-valorativa en el desarrollo de la experiencia jurídica; que la idea de derecho natural es legítimamente pensable en términos teóricos; que el derecho natural pertenece al género «derecho» como una de sus especies teóricamente posibles. Podrá incluso llegar a admitir que a veces es útil recurrir a argumentos de tipo iusnaturalista (en el sentido de «racionales») para comprender y dar cuenta de ciertos fenómenos jurídicos[20]. Pero en última instancia, el iuspositivista se encastillará en su negación del carácter *realmente, efectivamente* jurídico del «derecho natural»[21].

---

di una interpretazione fenomenologica, en *RIFD*, 1981, pp. 119-128.

20 Cfr. J. WRÓBLEWSKI, *The contribution of Natural Law to Positive Law, en Rapports polonais présentés au VII Congres international de droit comparé*, publicados por el Comité de la Ciencia Jurídica de la Academia Polaca de las Ciencias, Varsovia, 1966, pp. 440-467.

21 Como «irreal» lo define H. WELZEL, que es cualquier cosa menos iuspositivista; cfr. *Macht und Recht, Rechtspflicht und Rechtsgeltung*, en *Festschriftf K.G. Hugelmann*, Aquisgrán, 1959, II, p. 836.

A cuanto se ha dicho replicará que éste es «derecho» sólo desde un punto de vista del lenguaje, como consecuencia de un largo uso genérico del término, y en el plano del pensamiento abstracto, puramente teórico, pero no en la concreción de la experiencia, porque no es aplicable por los jueces. Observará, por ejemplo, que ni siquiera los derechos fundamentales explícitamente positivados en una constitución estatal son realmente aplicables si no existe un Tribunal constitucional decisorio; y mucho menos lo son los que han sido establecidos por convenio internacional. Y objetará también que el «derecho espontáneo» de Ago o el «derecho natural vigente» de G. Barile no son aplicables sino cuando se han traducido en una norma consuetudinaria, que es, a su modo, una norma positiva.

Por lo tanto, el iuspositivista se sentirá proclive a sostener que, para ejercer una función crítica y directiva sobre la normación positiva y para comprender y fundamentar algunas de sus manifestaciones, ha de haber algo más sólido y concreto que el «derecho natural», buscándolo (como en efecto lo busca) en la dialéctica concretísima de las fuerzas políticas o, más en general, en las doctrinas o en las ideologías políticas[22].

Tal es, a grandes rasgos, la posición del iuspositivista, para quien no tiene valor la observación, que todavía hoy algunos hacen, de que un *Soll-Satz* deviene *Soll-Norm* cuando mediante el razonamiento se demuestra su obligatoriedad y que muchos respetan una norma de ese porte a causa exclusivamente de estar fundamentada por la razón. El iuspositivista afirmará que tales convicciones son de naturaleza política o, más noblemente, de naturaleza moral, y que por tanto, no pueden alegarse para tratar de un modo científico, es decir, riguroso, la juridicidad de las pretendidas normas de «derecho natural».

Sin embargo, no se entiende por qué una investigación libre de prejuicios no pueda discutir la cuestión y se llega a sospechar que el iuspositivista, tan severamente crítico con el derecho «natural», es en cambio demasiado poco problemático ante el derecho positivo. Veamos por qué.

Bien mirado, la argumentación antiiusnaturalista traslada el centro del problema del «por qué las normas son consideradas obligatorias» al tema de «cómo las normas pueden ser (o son) aplicadas», haciendo depender la juridicidad de la solución de la segunda cuestión. No es difícil darse cuenta, sin embargo, de que el primer problema es de orden teórico, siendo el segundo de carácter práctico, por lo que la solución de éste no implica en absoluto la de aquél. Examinemos la

22 Así BOBBIO en *Giusnaturalismo*, cit., pp. 193-5, y SCARPELLI, en *Cos'é ilpositivismo giuridico*, Milano, Communità, 1965, *passim.*

cuestión de la aplicabilidad de las normas. Asiéntase ésta sobre dos condiciones, de suerte que sólo es aplicable aquel derecho que: a) es aducible ante los tribunales (judiciable); b) prevé sanciones y coerciones. En sentido real, únicamente es derecho el que reúne esos requisitos, lo que no se da en el llamado «derecho natural».

Pero en realidad sólo la segunda condición es decisiva en sentido antiusnaturalista, dado que (como hemos visto) hay tribunales e incluso sistemas judiciales enteros que admiten y reconocen argumentaciones extralegales de tipo racional (es decir, iusnaturalistas en el sentido que más arriba hemos puntualizado) para conformar sus propias decisiones. Mas aún siendo así, la sanción (y la coerción) sigue siendo considerada sin rodeos como de derecho positivo en cuanto está impuesta por tribunales constituidos por el ordenamiento jurídico positivo; por tanto, la cuestión decisiva es la de la sanción. Por otro lado, no tendría sentido negar la aplicabilidad de una prescripción *porque* es racional: el iuspositivista no es necesariamente un antirracionalista o un irracionalista y, cuando hace hincapié en la sanción, lo que quiere subrayar es que la racionalidad de la prescripción *no es suficiente* para que la misma sea aplicable.

Pero ya hemos dicho y reiterado que la sanción sirve para constituir una *imposición,* pero no, *por sí sola,* para dar lugar a una prescripción *obligatoria.* Por consiguiente, el requisito de la sanción prueba demasiado y, al mismo tiempo, demasiado poco; prueba demasiado, porque apelando a la sanción resultaría aplicable cualquier proposición prescriptiva, incluso la del atracador que nos exige dinero; prueba demasiado poco, porque la sanción no es capaz (repito, por sí sola) de transformar cualquier proposición prescriptiva en una norma jurídica, *Soll-Norm,* y aquí se trata, precisamente, de la aplicabilidad de la norma.

El iuspositivismo más reciente y más riguroso parece dejar las cosas en su justo punto, llevando a un segundo plano la cuestión de la aplicabilidad de la norma respecto de la determinación de su naturaleza. Como es sabido, los autores que se mueven en esta línea han abandonado hace tiempo la vieja concepción de que la sanción es un elemento externo a la norma jurídica, sobreañadido a ella, y la han interiorizado, por decirlo así, integrándola en la norma misma. Se ha llegado así a una definición del derecho que parece eludir todo equívoco y toda apelación a los presupuestos que hemos criticado en el capítulo II bien por no estar demostrados, como la *Grundnorm* o la ideología, bien por ser discutibles, como la autoridad. Se trata de la definición conforme a la cual el derecho está compuesto por normas «*providing for a sanction*», es decir, que están provistas de una sanción, como afirma Kelsen; son las «*rules about force*» de Olivecrona, las «*rules concerning the exercise of physical force»* de Ross[23]. Desde esta perspectiva, por lo tanto, sólo las normas relativas al uso de la fuerza pueden considerarse jurídicas.

Merced a esta definición, la distinción teórica entre el llamado derecho natural y el derecho positivo parece poder establecerse de modo definitivamente convincente por el criterio de sus distintos destinatarios y contenidos; las normas del derecho natural se dirigen a los individuos y no prescriben comportamientos, mientras que las del derecho positivo se dirigen a los integrantes del aparato público (jueces, funcionarios, agentes ejecutivos) y reglamentan las condiciones y los límites del ejercicio de la fuerza, que entra así bajo su competencia. Pero en realidad, con esta definición no se establece sólo la diferencia entre el llamado derecho natural y el derecho positivo, sino que se niega de modo definitivo el carácter jurídico de aquél.

En efecto, puesto que la reglamentación del uso de la fuerza no es para los autores citados nada que se *añada* a la norma jurídica para asegurar su aplicabilidad y eficacia, sino que constituye el *contenido específico* del derecho, aquello por lo que una norma *es* jurídica, lo que se sigue es que el llamado derecho natural no es en absoluto «derecho», aunque haya quien ingenuamente lo repute como tal. Probablemente es posible encontrar sanciones, más implícitas que explícitas, en las normas del «derecho natural», pero el contenido esencial de ellas es la prescripción de un comportamiento, a la que la eventual sanción está subordinada por vía instrumental y, en cualquier caso, sería absurdo reducir el «derecho natural» a la reglamentación del uso de la fuerza; luego, con arreglo a la definición que comentamos, éste no es «derecho».

Desde este punto de vista, la cuestión de la transformación de la proposición prescriptiva en norma jurídica (de *Soll-Satz* en *Soll-Norm*) encuentra una solución de evidente simplicidad. No es preciso demostrar que una *Soll-Satz* es obligatoria para que se convierta en *Soll-Norm*: lo es por sí cuando —y sólo cuando— su contenido consista en la reglamentación de la fuerza. Como se ve, la sanción sigue conservando toda su importancia discriminatoria respecto al llamado derecho natural, pero de una forma nueva que parece inatacable en cuanto que es el contenido mismo de la norma jurídica. Por lo tanto, se podrá conceder al iusnaturalista obstinado que lo que él llama «derecho» natural consiste en proposiciones prescriptivas que pueden tener incluso el mismo contenido *particular* de las normas positivas (es decir, que prescriban el

---

23 Una convencida aceptación y sistematización de esta tesis puede verse en N. BOBBIO, *Diritto e forza*, en *Studi per una teoria generale del diritto*, cit., pp. 119-138. [El trabajo *Derecho y fuerza* está comprendido en la trad. española, cit., *Contribución a la teoría del derecho;* pp. 335-348].

mismo comportamiento, como, por ejemplo, pagar una deuda), pero no tendrán nunca el mismo contenido *típico y cualificador* que poseen las normas del derecho positivo: la reglamentación de la fuerza. En consecuencia, la juridicidad del llamado derecho natural queda circunscrita al ámbito del discurso abstractamente teórico y, por tanto, el único derecho realmente válido es el positivo.

Sin embargo, esta argumentación es bastante menos convincente de lo que a primera vista parece, y por varias razones. La primera está en que si se acepta la tesis *sic et simpliciter* —esto es, sin referencia a ningún otro criterio que no sea el del contenido típico de la norma—, se hace imposible distinguir la norma jurídica de la imposición realizada por una asociación para delinquir, pues también ésta regula el uso de la fuerza y no sólo en sus relaciones internas, sino también hacia el exterior. Para diferenciarlas es necesario integrar el criterio del contenido típico (o naturaleza) de la norma con el de sus *fuentes,* que en el caso del derecho se considera por el iuspositivismo que está en la autoridad política. Este criterio parece ausente o abandonado en la tesis que comentamos, pero en realidad viene sobreentendido en ella, puesto que ¿quién puede regular realmente, y no en abstracto, el uso de la fuerza sino quien la posee y, por añadidura, de modo supremo? ¿Quién puede prescribir a los funcionarios públicos qué uso de la fuerza deben hacer sino quien detenta el poder? Mas si es así, se cae de nuevo —y ésta es la segunda objeción— en la tesis ya criticada según la cual la juridicidad (o sea, la obligatoriedad) de la norma tiene por fundamento el poder o, en el mejor de los casos, la autoridad.

De las dos observaciones formuladas se deduce que la cuestión de la obligatoriedad de la norma no queda resuelta por la definición de la juridicidad sobre la base del contenido típico (regla sobre el uso de la fuerza) de la norma. Y en este punto se perfila una tercera observación crítica. Si el tema de la obligatoriedad de las normas se plantea para los ciudadanos en general, no se ve cómo podrían evitarla los miembros del aparato público: ¿por qué razón deberán éstos reconocer como obligatorias las reglas sobre el uso de la fuerza que a ellos están dirigidas? Si es para evitar que sus actuaciones específicas constituyan reglas sobre la fuerza, el razonamiento —aparte la objeción del recurso *ad infinitum*— cae bajo la crítica ya expuesta: actuarán movidos por una constricción (o por una amenaza de ella), pero no por una obligación. Y si, al contrario, las aceptan como obligatorias por el juramento de obediencia prestado en cuanto funcionarios públicos, entonces lo que reconocen como obligatorio no son las normas sino su juramento, que es un compromiso personal.

Por último, no se comprende por qué los ciudadanos deben considerar obligatorios, y no meramente coactivos, los comportamientos acerca de los cuales les son legítimamente aplicables por parte del aparato público las reglas sobre el uso de la fuerza. Porque también estas reglas necesitan justificar su obligatoriedad si se quiere evitar que aparezcan ante los miembros del grupo como sospechosas de arbitrariedad. Más aún, son precisamente estas reglas las más necesitadas de justificación, pues no basta con reglamentar la fuerza para transformarla de fuente de constricción en fuente de obligatoriedad.

Pero entonces, la definición del derecho como regla sobre el uso de la fuerza, puesto que no puede eximir de la justificación de la obligatoriedad de las normas, no vale para distinguir el derecho «natural» del derecho positivo y mucho menos para negar juridicidad a aquél.

De cuanto venimos diciendo se deriva una consecuencia en favor de la juridicidad del derecho «natural». En efecto, si la justificación es un discurso racional, ambos derechos resultan tener, en última instancia, la misma fuente de obligatoriedad: la razón o, por mejor decir, el carácter racional de sus prescripciones. Hemos afirmado en el apartado 3 de este capítulo que derecho «natural» y derecho positivo tienen dos elementos en común: el estatuto deóntico de sus proposiciones y el carácter objetivamente obligatorio de sus prescripciones. Sin embargo, hemos aceptado, aunque a título provisional, la clásica distinción por la diversidad de las fuentes de su respectiva obligatoriedad; la racionalidad y la *positio*. Y ahora resulta que esta última, como quiera que sea considerada, no exime de la necesidad de la justificación sino que la exige, de modo que las dos *species* del género «derecho» presentan un tercer rasgo común: la misma fuente de obligatoriedad. Los dos hermanos enemistados quedan así reconciliados; pero reconciliados no significa unificados, por lo que el tema de su diferenciación queda abierto y de él nos ocuparemos posteriormente.

Obsérvese que, por caminos distintos hemos llegado al mismo resultado alcanzado en los capítulos iniciales: la justificación de las normas es indispensable para determinar lo que distingue a las normas jurídicas de las proposiciones genéricamente prescriptivas y, en particular, de los enunciados de las imposiciones constrictivas, importando poco que se trate del derecho positivo o del «natural». No tenemos ya por qué preocuparnos por la banal tacha de iusnaturalismo cuando hablemos de la necesidad de justificar las normas. Pero permanece en pie el problema planteado al final del capítulo III: ¿es posible la justificación racional, objetiva, mediante un discurso alécico, de la aprobabilidad o desaprobabilidad de las normas jurídicas? Ni siquiera el derecho «natural» puede sustraer a este problema, en contra de cuanto suelen opinar los iusnaturalistas, que no tienen en cuenta las argumentaciones del no-cognoscitivismo.

V

La justificación de las normas en términos de verdad

SUMARIO: 1. La justificación funcional (relativa). 2. La justificación funcional-estructural (absoluta). 3. Dos últimas precisiones.

La drástica exclusión del tema de la relación entre los enunciados alécicos y los normativos, como cuestión falaz, lleva, como hemos señalado al final del capítulo III, a consecuencias preocupantes: a la escisión *del* hombre mismo, si no al nihilismo. Por otra parte, la tesis de la falacia naturalista es sin duda válida, aunque dentro de ciertos límites, como ha puesto de manifiesto el amplio y profundo análisis de Carcaterra[1]. Ciertamente, en el plano empírico-fáctico (que es el considerado por el no-cognoscitivismo), no *todo lo que es* es también *lo que debe ser,* pues si así fuera, toda la existencia humana estaría por completo necesitada en su desarrollo. En este punto, la tesis de la falacia naturalista contiene una verdad que hay que admitir. Pero más allá de los casos límite, no se dice que la verdad de un enunciado teórico esté del todo desprovista de relevancia para establecer de un modo objetivo el fundamento de la opción normativa y, por tanto, su obligatoriedad. Intentaremos demostrarlo a través del examen de algunos ejemplos concretos de alcance gradualmente más amplio.

1. La justificación funcional (relativa)

Considérense las siguientes proposiciones: «La manifestación de la voluntad *es* necesaria para la *existencia* de un contrato»; «el sindicato *es* necesario para la *existencia* de la tutela de los trabajadores»; «la obediencia a las leyes *es* necesaria para la *existencia* del Estado». Trátase de proposiciones claramente teóricas, no sólo porque están formuladas en el modo verbal indicativo, sino sobre todo porque describen situaciones de ser. Su verdad es, por tanto, controlable (verificable o falseable) empíricamente. Considérense ahora las proposiciones prescriptivas respectivamente correspondientes: «quien estipula un contrato *debe* manifestar su voluntad»; «todos los trabajadores *deben* afiliarse a un sindicato»; «todos los ciudadanos *deben* obedecer las leyes estatales».

Pues bien, *si* la verdad de las citadas proposiciones teóricas está probada con sólidas razones (y nos parece que, en efecto, son difícilmente falseables), *entonces* tendrán correcta justificación las correlativas prescripciones; el respeto a las mismas, en efecto, resultará exigido como funcionalmente necesario, por la presencia de determinadas realidades existenciales: la relación contractual, la protección de los trabajadores, la existencia del Estado. Tal procedimiento de justificación se

1 *La fallada naturalista,* cit., *passim* y, en particular, la «conclusión».

realiza mediante un discurso de verdad (alécico) pues se trata de determinar (aunque de modo complejo) si efectivamente ciertas situaciones de ser hacen necesarios los comportamientos respectivos. Cuando esa determinación sea positiva, las proposiciones prescriptivas (*Soll-Satze*) de aquellos comportamientos, en cuanto ya justificadas, resultarán obligatorias adquiriendo así el estatuto lógico de normas (*Soll-Normen*). En efecto, la opción normativa del comportamiento obligado respecto de otros comportamientos materialmente posibles no podrá ser tachada de arbitraria sino que aparecerá fundada en datos de hecho verdaderos, al menos mientras no se demuestre lo contrario[2].

Este tipo de justificación —realmente el más difundido y el más aceptado, aunque no siempre y por simple desarrollo— está próximo a la justificación *teleológica* que subyace en la teoría kantiana de los imperativos hipotéticos, que prescriben una acción no porque sea buena en sí, sino porque es medio necesario para un determinado fin; y como no se puede querer el fin sin querer también la acción-medio para el mismo, la *obligatoriedad* de ésta viene justificada por el hecho de querer (o haber querido) aquel fin.

Un razonamiento análogo ha sido planteado recientemente en el debate sobre el no-cognoscitivismo, por Searle —un nocognoscitivista moderado— con su tesis del *promising game,* el «juego de la promesa», conforme al cual el simple *hecho* de haber prometido justifica la *obligación* de mantener la promesa; el *ser* justifica (en este caso) el *deber ser*[3]. La tesis de Searle tiene un ilustre precedente (y más rico en desarrollos existenciales) en la argumentación planteada por las Leyes a Sócrates y que éste acepta: se debe cumplir lo que se ha prometido; y puesto que Sócrates *ha vivido* en Atenas durante setenta años, *debe* acatar sus leyes y, por tanto, la sentencia de muerte[4]. El razonamiento socrático, como se ve, apoya de modo particular el tercer ejemplo de justificación que antes pusimos; «todos los ciudadanos deben obedecer las leyes del Estado»[5].

En cuanto venimos diciendo hemos tenido en cuenta, sobre todo, la teoría kantiana, lo que explica que hayamos presentado tres ejemplos y no uno solo, siendo aplicable a los tres el mismo tipo de justificación.

---

2 Recuérdese lo dicho *supra,* cap. I, § 2; la justificación abre un debate de razón, o sea, de verdad.

3 Cfr. J.R. Searle, How *to derive «Ought» from «Is»,* en «Philosophical Review», LXXIII, 1964, pp. 43-58.

4 Cfr. *Critón,* 49e, 53 a.

5 Dicen las Leyes: «¿a quién gusta una ciudad sin leyes?» (*Critón,* 53a). La forma apreciativa *(gusta)* de la frase no debe engañarnos; no se formula un juicio de valor, sino un (doble) juicio de existencia: no es posible vivir en una ciudad sin leyes porque una ciudad sin leyes no es posible.

En efecto, el primer ejemplo es reconducible al modelo del imperativo hipotético llamado por Kant *problemático* o *técnico*: «si quieres F, debes C», donde F es el fin querido (en el ejemplo puesto, la estipulación del contrato) y C el comportamiento necesario para obtenerlo (la manifestación de voluntad); en tal imperativo, como es sabido, la opción por el fin es libre, pues no todos deciden realizar un contrato[6]. Los otros dos ejemplos son, en cambio, adscribibles, si bien de modo aproximado, al modelo del imperativo hipotético que Kant denomina *asertó rico* o *pragmático,* cuyo esquema sería éste: «*puesto que* todos quieren F, todos deben C»; de suerte que las prescripciones relativas a la adhesión al sindicato y al respeto de las leyes estatales son justificables para *todo* trabajador y para *todo* ciudadano porque su respectivo fin aparece como razonablemente propio de *todos* los que pertenecen a los mencionados grupos. Una precisión: nos ha parecido útil recurrir a dos ejemplos reconducibles ambos al imperativo asertórico kantiano para poner de relieve que el «todos» al que se aplica puede pertenecer a universos lógicos de diferente y progresiva amplitud, lo que nos servirá más adelante. Estas aclaraciones parecen dictadas por un excesivo escrúpulo de ajustarnos al modelo kantiano para amparamos en su autoridad; en realidad, lo que pretendemos es mostrar, mediante el examen de casos típicos, que el procedimiento justificativo teleológico es aplicable a normas relativas a una amplia gama de universos lógicos.

Puede, sin embargo, oponerse una objeción a esta utilización que hacemos del pensamiento kantiano. Porque en su justificación de los imperativos, Kant se sitúa siempre a partir de fines *queridos,* es decir, de un acto inicial de voluntad, una elección de valor, que constituye la condición justificante del comportamiento obligatorio (si *quieres,* puesto que todos *quieren... se debe),* sin que el filósofo de Königsberg se pregunte por el origen o fundamento de esa elección. Por lo tanto, el razonamiento kantiano se desenvuelve en el plano del deber ser, por lo que es formalmente correcto para el no-cognoscitivista, mientras que la justificación er los términos presentada por nosotros se desarrolla a partir de situaciones existenciales de hecho —la existencia del contrato, del interés de los trabajadores por su protección, del Estado— que son las condiciones para la justificación de la obligatoriedad de los comportamientos, siendo manifiesto por tanto el paso del plano del ser al del deber ser.

Podríamos responder que el acto inicial de voluntad es asumido por Kant como un hecho, según es claro, sobre todo, en el supuesto

6 En realidad, es muy raro que haya alguien que pueda prescindir *siempre* de realizar algún contrato, siquiera sea tácito; aunque no sea más que para adquirir alimentos. Pero, sea de ello lo que fuere, prefiero dejar a un lado esta observación empírica.

del imperativo asertórico; pero no queremos amparamos de modo ambiguo en la autoridad de Kant. Por ello y puesto que el término *teleológico* evoca con facilidad la idea de un fin *querido* y de una elección, preferimos denominar *funcional* a la justificación que proponemos. Con este término entendemos que queda subrayada con mayor claridad la conexión de la prescripción con una situación de ser antes que (o sólo) con una situación de deber ser.

Pero precisamente por esto la justificación funcional es susceptible de una objeción importante. Las proposiciones teóricas sobre cuya verdad se basa la justificación contienen —más bien son— definiciones: del contrato como manifestación de voluntad, del sindicato como organismo tutelar de los trabajadores, del Estado como unión concorde de un pueblo—; de modo que basta convertirlas del modo indicativo en prescriptivo para transformarlas en normas. En suma, la norma sería la simple reformulación de la definición en términos prescriptivos, por lo que la justificación de las normas que proponemos se resolvería en una tautología, puesto que ya está implícita en la definición[7].

A ello puede replicarse, en primer lugar, que las definiciones mencionadas no son puramente nominales y convencionales, ni menos aún construidas astutamente con el propósito de justificar las normas; su función es hacer inteligible el mundo de lo real y, por lo tanto, son empíricamente verificables y falseables sobre la base de su efectiva capacidad interpretativa, es decir, de determinación del sentido de lo real, hablando en términos husserlianos. Si hay tautología, impútese a la estructura misma del sentido de lo real. En todo caso, no basta formular una definición *cualquiera* para justificar la norma correspondiente. En segundo lugar, los comportamientos prescritos —manifestación de la voluntad, adscripción al sindicato, obediencia a las leyes estatales— a pesar de que son funcionalmente necesarios para la existencia de las respectivas situaciones existenciales, no son en modo alguno conductas deterministantes necesitadas en sí y por sí: son comportamientos libres. Por lo tanto, la norma que prescribe un acto funcional para la existencia de una situación existencial común es (y como tal es recibida) una verdadera y auténtica norma en cuanto que discierne, entre los numerosos actos tácticamente posibles, el que *debe ser* (o no debe ser) realizado.

El tipo de justificación de que venimos tratando, al tener como fundamento una determinada realidad existencial, vale para todos los

---

7 El propio Kant califica los imperativos hipotéticos (tanto el problemático como el asertórico) como «analíticos», porque consisten en un juicio en el que el predicado está ya comprendido en el sujeto; en nuestro caso, la norma está ya comprendida en la definición. Cfr. *Fundamentación,* cit., pp. 67 y 67 de la trad. española mencionada.

que participan de ella (en los ejemplos, los contratantes, los trabajadores, los ciudadanos), por lo que es una justificación objetiva, válida para todo el universo lógico considerado; pero sólo para él, de modo que fuera del mismo la norma no está justificada. Sin embargo, no por ello el proceso de justificación queda necesariamente bloqueado pues tiene capacidad para traspasar un primer universo lógico para aplicarse, siempre en términos controlables de verdad, a un universo más amplio cuando éste englobe en sí al primero. Refiriéndonos a los ejemplos propuestos, si se probara que la facultad contractual o la protección de los trabajadores eran funcionales para la existencia de una sociedad política, serían justificables —mediante una concatenación coherente de razones— las normas respectivas, resultando obligatorio su respeto para la generalidad de los ciudadanos[8] de modo que ninguno estaría autorizado para impedir a los otros la legítima manifestación de voluntad o la incorporación de un trabajador a un sindicato.

Precisamente la justificación de un sistema global de normas se realiza mediante un encadenamiento de justificaciones como el que se acaba de aludir, pudiéndose llegar a formular el siguiente amplísimo principio (o criterio) de justificación de las normas, válido para un universo lógico muy extenso: «todos los comportamientos indispensables para el existir del Estado son obligatorios para los ciudadanos». Se trata, por supuesto, de un principio genérico, ya que no precisa cuáles sean esos comportamientos indispensables, pero ello implica sin embargo, por necesidad lógica, que se demuestre, mediante un discurso lógico falseable, la efectiva indispensabilidad del comportamiento prescrito. Sobre la base de dicho principio son justificables no sólo las normas de comportamiento sino también las organizativas (o, más en general, las constitutivas), que crean instituciones y confieren poderes. La obligatoriedad de un ordenamiento jurídico tomado en su conjunto se apoya, pues, en la justificación de las normas que lo integran, la cual es por consiguiente prioritaria, como ya se apuntó al principio del capítulo III en contra de la opinión común.

En general suele satisfacer la justificación funcional por su carácter razonable y empíricamente controlable y porque no obliga a recurrir a valores y a opciones de valor arbitrarias. Y, en efecto, a ella se acude, de manera más o menos explícita y consciente, en los debates (legislativos y doctrinales) *de iure condendo* así como en la interpretación

---

8 Evidentemente, el *modo* de la manifestación de voluntad o de la adhesión al sindicato (así como el de la tutela de los trabajadores) variará de unos ámbitos culturales a otros, pero siempre en virtud de circunstancias culturales de hecho y, por tanto, controlables.

judicial, que en el fondo comporta también un cierto control de que la justificación dada por el legislador ha sido correcta.

Pero junto a esto hay que reconocer que la justificación funcional, en los términos en que hasta ahora la hemos tratado, no es definitiva por tener un alcance limitado. Prueba de ello ofrecen los propios ejemplos que hemos aducido y, sobre todo, el principio general de justificación de un ordenamiento jurídico. En efecto, la obligatoriedad de los comportamientos indispensables para la existencia del Estado es justificable; *a)* sólo para los ciudadanos y no para los extranjeros; *b)* sólo para aquellos ciudadanos que consideren el existir del Estado como el horizonte existencial último y no superable.

Adviértase que no nos referimos al decir esto a la contestación de las leyes estatales basada en opiniones u opciones de valor subjetivas, contra las cuales puede esgrimirse siempre el argumento dado por las Leyes a Sócrates; nos referimos a un discurso lógico conforme al cual el *existir* (antes aún que el *valor)* del Estado no resulte ser la condición última de la existencia del individuo. También en este punto viene en nuestra ayuda Platón: la obediencia de Sócrates se presta ante todo al «dios (que) es sabio», esto es, a la verdad[9]; por tanto, cuando lo que exige la patria no corresponde a la verdad hay que *«_persuadirla* de lo que es justo *por naturaleza»,* es decir, de lo que es justo según verdad[10].

La justificación hasta aquí examinada es vulnerable a la crítica formulada por Hare a la mencionada tesis de Searle sobre el *promising game;* el hecho de la promesa obliga, pero se es libre de entrar o no en el «juego» de prometer[11]. Crítica que se aplica inmediatamente al primero de los ejemplos que antes se pusieron, el de la norma contractual, puesto que se es libre de realizar o no un contrato. Pero también afecta, con leves retoques, a los otros dos ejemplos; se está obligado a respetar la norma sobre la sindicación y la que se refiere a la observancia de las leyes estatales *mientras que* no se refute, con sólidas razones, el universo lógico a que tales normas se refieren.

Hasta ahora se ha logrado, pues, una justificación objetiva, sí, pero relativa *(secundum quid),* puesto que es válida solamente dentro de los límites del contexto existencial al que afecta la norma y en la medida en que ese contexto no sea libremente recusable o razonablemente superable. ¿Es posible ir más allá determinando las condiciones de una justificación que no sea relativa?

---

9 Cfr. *Apología de Sócrates,* 23a y *passim,* así como *Critón,* 48a.

10 *Critón,* 51c; la cursiva es nuestra.

11 Cfr. AA.W., *The Is-Ought Question,* London, 1969, pp. 120-134 y 144-156.

2. LA JUSTIFICACIÓN FUNCIONAL ESTRUCTURAL (ABSOLUTA)

Para responder a la pregunta que se acaba de formular puede utilizarse de nuevo con ventaja la justificación kantiana del imperativo asertórico. De ella nos hemos valido ya para justificar las normas sobre incorporación al sindicato y sobre la obediencia a las leyes, pero, como advertíamos hace poco, tales normas no corresponden exactamente al modelo kantiano de dicho imperativo. Para Kant, en efecto, el imperativo asertórico se refiere a un fin que —frente al fin «posible» (u opcional) del imperativo problemático— define como «real», porque «todos se lo proponen efectivamente en virtud de una necesidad natural»[12]. Por consiguiente, el imperativo asertórico típico de Kant no se refiere a un universo lógico *cualquiera* (como las normas de nuestros dos ejemplos), sino *al* universo *total:* el que comprende en sí a todos los hombres en cuanto hombres en razón precisamente de su «necesidad natural» y de toda su ulterior determinación voluntaria o histórica. En consecuencia, dado que todos (los hombres) *tienen realmente* un fin común, la acción que se afirme como medio fi.ncionalmente necesario para dicho fin será obligatoria para todos[13].

En tal caso, la justificación funcional no se basa en un hecho meramente «posible» y por tanto de libre elección (el «juego» de Searle), sino *real* (en el sentido de Kant) y que no se refiere a un universo lógico particular (los trabajadores, los ciudadanos), sino *universal* (los hombres). Por estas dos razones —«realidad» y universalidad de los datos de referencia—, se trata de una justificación que, separándonos de Kant, no dudamos en calificar como *ontológica* y no empírica y con validez *absoluta* y no relativa. La única dificultad está en la afirmación (verificable/falseable) de la efectiva universalidad del enunciado teórico de la que la norma extrae la propia justificación absoluta: ¿hay algo que sea necesario a todos los hombres? Si tal afirmación resulta positiva (no falseable), la justificación de la norma será válida para todos. Llamamos a esa justificación funcional-estructural porque se basa en la adecuación de la funcionalidad de un comportamiento a la estructura (ontológica) del hombre.

Como más arriba afirmamos, Kant no desarrolla su argumentación hasta las susodichas consecuencias. En primer lugar, por una

---

12 *Fundamentación,* cit., p. 62, de la trad. española.

13 En realidad, Kant se limita a justificar el imperativo asertórico pero sin sacar la consecuencia de que sea *obligatorio* para todos; lo considera como un «consejo», no como un «precepto» de la razón (cfr. *Fundamentación,* cit., p. 68 de la trad. española), pero por razones no decisivas como intentaremos demostrar en seguida.

razón muy general: su rechazo de toda consideración ontológica[14]; la «naturaleza» a que él se refiere es la naturaleza «sensible», cuyas inclinaciones son universales pero traducibles sólo en determinaciones particulares. En segundo término, por una razón específica pero coherente con la anterior: la identificación del fin real común a todos los hombres y que Kant lo sitúa en la *felicidad* «un fin que se puede seguramente, y *a priori,* suponer en todos los hombres porque forma parte de su misma naturaleza»[15].

Pero entonces, si la felicidad es el *único* fin de hecho universalmente común a todos los hombres, son del todo aceptables los límites señalados por Kant a la validez racional del imperativo asertórico. Como con concreción señala, la felicidad es un concepto «indeterminado», cuyos elementos «son todos empíricos», es decir, variables, por lo que el hombre «es incapaz de determinar con completa certidumbre, *con arreglo a un principio,* lo que le hará verdaderamente feliz». Kant tiene, pues, plena razón al considerar los imperativos asertóricos más «consejos empíricos» que «mandatos *(praecepta)* de la razón», esto es, categóricos. Tales imperativos «para hablar con exactitud, no pueden mandar nada, es decir, no pueden referirse a acciones *de modo objetivo* como prácticamente necesarias» y, por tanto, son imperativos sólo «de la prudencia»[16]. No en vano distingue Kant la felicidad (*Glückseligkeit*), objeto del imperativo asertórico, y el bien *(Gut,* o mejor *das höchste Gut,* el máximo bien), objeto del imperativo categórico y somete el primero al segundo, que es el único, a su juicio, capaz de dar lugar a leyes universales (¡pero sólo formales!).

Desde este punto de vista sigue siendo válida la crítica de los no-cognoscitivistas a la justificación objetiva: del hecho real de que todos los hombres desean y buscan la felicidad no es correcto inferir que la felicidad es éticamente aprobable; ni deducir tampoco que sean aprobables los medios para alcanzarla, aún cuando fuese posible determinar cuáles son los necesarios para ello. Sin duda, el deseo universal de la felicidad (o de cualquier otra cosa) es un indicio de su valor que no debe despreciarse, pero no constituye su prueba objetiva y definitiva:

---

14 Si bien no nos parece desatinada la hipótesis de que toda su filosofía práctica tenga unos implícitos presupuestos ontológicos, sin los cuales manifiesta una cierta fragilidad. Pero éste es un tema demasiado profundo para afrontarlo aquí; baste dejarlo apuntado.

15 *Fundamentación,* cit., pp. 63 y 64 de la trad. española. La universidad del deseo de felicidad es tema perenne; baste recordar a Cicerón (*Tusculanae disputationes* V, 10, 28) o a San Agustín *(Confesiones* X, 20, 29 y 21, 31). Pero éste precisa que la felicidad depende de la verdad: «*Beata... vita est gaudium de veritate*» (ibi, 23, 24). En esto se distingue de Kant.

16 *Fundamentación,* cit., pp. 67 y 68 de la trad. española; la cursiva es nuestra.

si así fuera, se daría plena coincidencia entre hecho y valor, entre ser y deber ser, es decir, se caería en la falacia naturalista.

Aparte toda dificultad de orden analítico, es oportuno indagar más a fondo en la razón por la que el hecho del deseo de felicidad, pese a ser real y universal, no sirve para justificar de modo objetivo la norma que prescribe el comportamiento necesario para alcanzarla.

La cuestión puede plantearse en los términos siguientes: el hecho de que todos desean la felicidad, ¿prueba la verdad de la proposición teórica «la felicidad es necesaria para la existencia humana»?; o bien: ¿prueba aquel hecho que la felicidad es condición funcionalmente indispensable para la existencia?[17]. En el caso de que se afirme que las cosas son así, el hecho del deseo de felicidad será úl punto de partida para justificar la prescripción de los comportamientos, afirmados, a su vez, como funcionalmente necesarios para el logro de la felicidad. Tal prescripción estará justificada mediante una (doble) afirmación de verdad.

Ahora bien, adviértase que lo que es realmente universal en el deseo y en la búsqueda de la felicidad (en el sentido ordinario de la palabra) es la apetencia *particular de cada uno de la propia felicidad personal.* Pero como las felicidades personales no coinciden, como no sea accidentalmente y en cualquier caso nunca del todo, no son necesariamente recíprocas (la felicidad que cada uno desea para sí no es, sólo por eso, deseable por otro); más bien son, por lo general, incompatibles. Por consiguiente, el logro de la felicidad podrá incluso resultar —aparte de otras consideraciones— necesario para la *existencia individual* y por tanto justificar *subjetivamente* la opción por un determinado comportamiento, pero alcanzar la felicidad personal no resulta condición necesaria para la realidad de la *coexistencia humana*[18], con relación a la cual no es correcto deducir —por una serie de inferencias a partir del deseo universal de felicidad— el valor universal de los medios adecuados para obtenerla y, por lo tanto, la justificación de la norma que los prescriba.

De otro lado, se ha visto anteriormente (cap. I, § 3) que la coexistencia es el horizonte dentro del cual tiene sentido el discurso ético o prescriptivo en general, de donde se deduce que el deseo de felicidad es, desde un punto de vista ético, un puro hecho que no puede ser aceptado de inmediato, sino que ha de ser juzgado, por lo que, lejos

---

17 Naturalmente, nos referimos a un sentido no meramente biológico de la existencia. Dejamos a un lado la cuestión de si la felicidad es la *única* condición indispensable para la existencia por no ser atinente a nuestra argumentación.

18 No se trata de un discurso rigorista; aquí estamos tratando de la *realidad* de la coexistencia, no de su *valor;* en relación con éste, la felicidad personal sí es importante.

de ser una justificación de las normas, él mismo está justificado en sus manifestaciones concretas.

La crítica que hemos hecho al deseo de felicidad es igualmente aplicable al «deseo de supervivencia», que Hart considera el fundamento del «núcleo de sensatez» en que él resuelve el derecho natural[19]. También este deseo concierne a la propia persona, por lo que es referible a la existencia individual y no a la coexistencia. En cuanto tal, justifica la utilización de ciertos medios frente a los demás, incluso el principio *mors tua vita mea* que, nótese bien, no niega la supervivencia *biológica* del género humano. De modo que no sólo el bien de uno no es el bien de otro, sino que tampoco el existir de uno es necesariamente compatible con el existir de otro; no hay, por tanto, reciprocidad de comportamientos ni, en consecuencia, posibilidad de una justificación universal.

Sin embargo, la justificación funcional-estructural a la que nos hemos referido al comienzo de este parágrafo no está constreñida a los límites de validez asignados por Kant como expresión típica de ese imperativo pero que no atañen a la estructura lógica del mismo. Por lo tanto, no es cierto que las críticas que justamente se han hecho al ejemplo kantiano invaliden el modelo del imperativo asertórico.

Considérese, en efecto, el enunciado teórico «el respeto al inocente es necesario para que se dé la existencia humana»[20]. El sentido existencial de tal proposición es muy distinto del de la proposición, ya analizada», «la felidad (o la supervivencia) es necesaria para la existencia humana». Si examinamos detenidamente la cuestión, aparece en primer lugar que el respeto al inocente es un comportamiento que tiene plena reciprocidad sin incompatibilidad y, por tanto, universalizable. En el caso de la inocencia, no es verdad que *mors tua vita mea* sino que lo cierto es lo contrario; *vita mea vita tua,* por cuanto el necesario respeto hacia la vida (inocente) propia exige, por simetría, el reconocimiento del necesario respeto por la vida (inocente) de los otros.

En segundo lugar, el respeto al inocente no es necesario *solamente* para la existencia *individual,* como en el caso kantiano de la felicidad o en el supuesto hartiano de la supervivencia, sino que es necesario también y de modo más general para la *coexistencia.* En efecto, en la

---

19 Cfr. *El concepto del derecho,* cit., pp. 237-39 de la trad. española.

20 Por «respeto» entendemos, por razones de brevedad, «no perjudicar»; inocente es, etimológicamente (*in-nocens*) el que no causa daño. Acerca de la importancia del concepto de inocencia para una interpretación del derecho, v. nuestro trabajo *Innocenza e diritto,* en *Itinerari esistenziali del diritto,* Napoli, Morano, 1972, pp. 127-144. [Hay trad. española de Jesús Ballesteros: *Itinerarios humanos del derecho,* Pamplona, Eunsa, 1974; el trabajo *Inocencia y derecho* se contiene en las pp. 121 a 136].

medida en que tal respeto empiece a faltar, hasta desaparecer del todo, no sólo se perjudica a la persona del inocente, sino que se pone en peligro la vida de todos y, por tanto, la coexistencia, hasta hacerla —en casos límite— imposible, puesto que toda ofensa o violencia resulta posible e indiscriminable por pertenecer al *arbitrium indifferentiae.* En tales circunstancias se produciría la situación que Hobbes atribuye al estado de naturaleza: *homo homini lupus;* el género humano sobrevivirá en el plano puramente biológico pero no en el propiamente humano, es decir, con igualdad entre todos los individuos con independencia de su fuerza[21].

Por las razones apuntadas, resulta probada la verdad del enunciado teórico que hemos considerado, el cual se convierte *por sí,* sin recurrir a manipualciones, en este otro más preciso: «el respeto al inocente es necesario para que se de la *coexistencia* humana». Puede sin embargo ponerse en duda que la verdad de este enunciado sea universal *in concreto* y no sólo en el plano terminológico, puesto que el significado existencial dado al término «inocencia» es muy distinto en las diferentes culturas o *situaciones,* de modo que, al haber discrepancias en la calificación del hecho, la verdad de dicha proposición generalísima tendría escaso valor para justificar normas concretas. Consideramos, no obstante, que hay un *hard core,*un núcleo significativo consistente e innegable común a todas las definiciones y a las acepciones culturales de la inocencia; aunque no es susceptible de una individualización inmediata, dicho núcleo permite considerar universal la convicción de lo que es un inocente y, por tanto, la necesidad coexistencial de respeto al mismo.

En todo caso, el enunciado teórico en cuestión admite verificación empírica y no es inmediatamente falseable mediante la alusión a la existencia de prácticas de sacrificio propiciatorio del inocente o del «chivo expiatorio». A diferencia de la inculpación «maldita» de un inocente llevada a cabo por quien no ha resuelto sus propios traumas psíquicos, puesta de manifiesto por el psicoanálisis individual, tales prácticas rituales implican el reconocimiento de la inocencia de la víctima, la cual, precisamente porque es inocente (y, por tanto, *intangible en todo caso)* está en condiciones de propiciar la absolución de una culpa no suya, sino colectiva. Sobre esto no dejan lugar a duda la antropología cultural, la ciencia de los mitos y el psicoanálisis colectivo.

Tras este largo discurso, es lícito concluir que si la verdad del enunciado teórico en cuestión resulta establecida, tal enunciado puede

21 Por ello, la legitimación del principio de la violencia, aunque sea con el fin de crear un orden nuevo, es antihumana y contradictoria, como he intentado demostrar en mi trabajo *Perchè la violenza?*, cit.

proporcionar una objetiva justificación funcional de la norma correspondiente «todos deben respetar al inocente»; norma que no es por cierto superflua —aunque sólo justificada— dada la verdad del enunciado teórico, ya que el comportamiento opuesto sigue siendo posible en el terreno de los hechos.

Por cuanto se ha dicho, nos parece lícito afirmar que la validez de la estructura lógica del imperativo asertórico va más allá de los límites que Kant señaló y permite, frente a su opinión, determinar, *conforme a un principio, acciones prácticamente necesarias,* es decir, *mandatos de la razón*[22]. El imperativo es justificable de manera, a nuestro juicio, incontrovertible y, por tanto, objetivamente universal, no en todas sus posibles aplicaciones sino cuando prescribe lo que es necesario no tanto a la existencia individual cuanto a la coexistencia interhumana. Con estas precisiones, la formulación exacta del imperativo asertórico susceptible de justificación objetiva puede ser la siguiente: «puesto que el comportamiento C es necesario (o contrario) a la coexistencia, todos deben (o no deben) C». Esta fórmula nos muestra claramente la verdad (o las verdades) que es preciso controlar empíricamente para justificar la norma en cuestión en términos universalmente válidos.

El imperativo así justificado se parece por una parte al imperativo categórico kantiano porque puede establecer «una ley universal» válida «para todo ser racinal»; pero por otro lado se diferencia de él porque no es formal y, sobre todo, porque no es incondicionado, ya que supone una condición. Pero como tal condición no depende de la sensibilidad, y, por tanto, de la subjetividad, no es de naturaleza empírica sino estructural, es decir, ontológica, siendo por tanto inderogable.

Los argumentos que hemos manejado en favor de una justificación objetiva y, más exactamente, funcional-estructural de las normas se basan en un método empírico y existencial, pero no por ello exigen, para mostrar adhesión a los mismos, la aceptación de la filosofía existencialista, cualquiera que sean los méritos o deméritos de la misma. La noción de coexistencia en que los mismos se apoyan no es meramente convencional ni mucho menos un presupuesto injustificado o injustificable y, por tanto, arbitrario, sino que expresa la condición real (o de la posibilidad efectiva) —y no sólo trascendental (o de la pura pensabilidad) como ocurre en la filosofía de Husserl— de la vida individual de todo hombre. Se trata, pues, de una noción cuya verdad es controlable tanto en su significado general cuanto en los diversos aspectos en que se manifiesta. Por otra parte, la coexistencia no es por sí misma, *inmediatamente,* un valor —lo que haría caer el presente discurso en el

22 Utilizo conscientemente las expresiones empleadas por Kant en sentido contrario.

ámbito no-cognoscitivista— sino que es la condición estructural (y no, repetimos, trascendental) de los valores.

En consecuencia, la justificación fundada en la coexistencia nos parece que responde del todo a los requisitos de la justificación objetiva de las normas precisados en el capítulo III.

3. Dos últimas precisiones

Somos conscientes de que los argumentos que hemos manejado podrán no ser satisfactorios desde un punto de vista estrictamente analítico debido a sus referencias empíricas y existenciales y, además, ontológicas, si bien estas últimas no constituyen premisas sino posibles desarrollos de los referidos argumentos. Sin embargo, Carcaterra ha demostrado recientemente la legitimidad de una inferencia ser-deber ser (*is-ought*), que es correcta en el plano estrictamente lógico y que corrobora, por caminos distintos, los resultados a los que nosotros hemos llegado[23]. La inferencia propuesta por Carcaterra se formularía así: «el comportamiento C tiene el valor V para quienquiera que exprese valoraciones éticas, luego C es éticamente V", donde V indica cualquier modalidad ética —justo, injusto, bueno, malo, etc.—; la segunda parte de la inferencia es claramente ética, en el sentido amplio del término (valorativo-prescriptivo), mientras que la primera es teórica pues en ella se afirma el *hecho,* empíricamente controlable, de la atribución universal del valor V al comportamiento C.

Adviértase que la proposición teórica de la referida inferencia no afirma que todos sigan el comportamiento C —afirmación seguramente aventurada y fácilmente falseable— sino tan sólo que *quienquiera que exprese* valoraciones éticas atribuye el valor V a C. Por consiguiente, para demostrar la falsedad de esa proposición es irrelevante señalar, por ejemplo, que hay quien practica el incesto sino que lo que habría que acreditar es que el incesto es considerado éticamente aprobable en alguna cultura, que es precisamente lo que niegan de modo unánime los estudios de la antropología cultural más reciente, la cual considera el tema del incesto de una especial relevancia dado que, de acuerdo con la tesis de Lévi-Strauss, marca la frontera entre *naturaleza* y *cultura;* según tales estudios, la prohibición del incesto, pese a la diversidad de los sistemas culturales de parentesco, es una regla presente, en su núcleo fundamental, en todas las culturas[24], señal evidente de una universal valoración ética negativa de tal práctica.

---

23 Cfr. G. Carcaterra: *La «Grande Divisione», si e no, cit.*

24 Cfr. por todos C. Lévy-Strauss: *Les structures elémentaires de la parenté,* París, P.U.F., 1949. [Hay trad. española de M. T. Carrasco: *Las estructuras elementales del parentesco;* Barcelona, Paidos, 1981.]

Este mismo punto de vista es aplicable al caso del respeto hacia el inocente, propuesto anteriormente: si no estamos equivocados, en toda cultura se atribuye valor a ese respeto, considerándosele un *deber* y no un hecho. Aún más: parece difícilmente falseable la afirmación de que todos atribuyen valor ético al respeto por el inocente: ¿quién siendo (o considerándose) personalmente inocente no considera como éticamente desaprobable la ofensa que se le infiere? Y en tal caso es aplicable, porque aparece implícito, el principio de simetría o de generalización en virtud del cual lo que es éticamente aprobable por mí es aprobable por cualquiera que se encuentre en las mismas circunstancias[25]. Los ejemplos pueden multiplicarse sin dificultad; máximas como «a nadie es lícito obtener una ventaja de su propio delito», *«nemo iudex in causa propria», «audiatur et altera pars»*, etc., expresan valoraciones éticas de justicia que se encuentran en todas las culturas y que están con toda probabilidad implícitas en los juicios de todo individuo en virtud del citado principio de generalización. Por lo tanto, tales máximas son en realidad, hablando en términos kantianos, «leyes universales».

En consecuencia, si se está en condiciones de probar la universalidad de la valoración ética de esos comportamientos, es legítimo concluir que los mismos tienen valor ético en el ámbito de toda ética realmente existente. Si después no queremos preguntar además[26] *por qué* se dan universalmente aquellas valoraciones éticas y, por tanto, las que Carcaterra llama, en el artículo citado, «leyes transculturales», no consideramos difícil dar una respuesta. Cada una de las mencionadas valoraciones éticas (y de las correspondientes normas) trae la propia justificación última de que tal comportamiento es funcionalmente necesario para la coexistencia. Las dos máximas (o prescripciones) *nemo index in causa propria* y *audiatur et altera pars* se justifican por la funcionalidad para la coexistencia de la imparcialidad del juicio. Según se ve, el argumento propuesto por Carcaterra, si de un lado confirma nuestra tesis, de otro se integra en ella en un aspecto fundamental y, por tanto, resulta a su vez confirmada.

* * *

Las conclusiones a que hemos llegado serán rechazadas por quien esté convencido del carácter irreductiblemente subjetivo, individual, de la valoración ética. Y la crítica recaerá no sobre la corrección lógica de los argumentos que hemos manejado, sino que se situará en el plano filosófico general, siendo una manifestación de lo que alguna

25 Cfr. M. G. Singer: *Generalization in Ethics,* New York, Knopf, 1961, p. 5, con el que coincide Perelman en *Morale, diritto e filosofia,* cit., pp. 26-27

26 Y debe hacerse si no se quiere bloquear arbitrariamente la investigación.

vez hemos llamado «metafísica de la subjetividad» en su versión individualista[27]. Desde el subjetivismo ético, toda justificación funcionalestructural y toda afirmación de la apreciación ética universal de un comportamiento dado son irrelevantes ante un juicio personal de valor[28]. A quien se cree legitimado por la propia escala de valores o, sin más, por el juicio de valor propio y contingente, para matar a un inocente o para dictar una sentencia oyendo al acusador y no al acusado, sería inútil y sin sentido oponerle que esos comportamientos son objetivamente injustificables y reprobados universalmente; a ello replicará con una/m *de non recevoir*[29] porque para él todo juicio de valor es subjetivo y relativo a la persona que lo formula[30].

Pero aquí se plantea una alternativa rígida. O bien se pretende (y se considera posible) que el valor subjetivamente creado o afirmado sea aceptado por los demás, en cuyo caso habrá que demostrar las razones para ello y justificarlo sometiéndolo a la verificación objetiva del diálogo racional y, por tanto, de algún modo generalizado; o bien se persiste con firmeza en un subjetivismo radical e insuperable de los valores, y entonces esa posición comporta necesariamente que todo acto aparezca como éticamente indiferente, gratuito y absolutamente libre. Pero como la libertad absoluta de uno es incompatible con la libertad absoluta de otro, el acto gratuito (tan celebrado por André Gide) no tiene reciprocidad y, por consiguiente, no le es aplicable el principio de generalización. El acto gratuito no representa en absoluto la culminación de la libertad sino que expresa la lógica del poderío, el principio del *tantum iuris quantum potentiae* de Spinoza[31], que hace imposible la coexistencia humana y deja sin sentido toda afirmación ética; no en vano Schiller pone en boca de Franz Moor, el «malo» de *Los bandidos,* un principio semejante[32]. Por otra parte, la lógica del poderío es la del puro naturalismo; el mismo Spinoza la considera como propia del estado de naturaleza, en el que el pez grande se come al chico. Aquí no está en

---

27 Cfr. *¿Perchè la violenza?,* cit., cap. 6 [pp. 175-211 de la trad. española, cit.].

28 Para una crítica del relativismo *absoluto* de las valoraciones en relación con los valores fundamentales, cfr. J. Wróblewski, *Basic axiological questions, humanistic values and legal protection of environment,* en *RIFD,* 1980, pp. 669-83.

29 La expresión francesa tiene en castellano el valor de «negativa rotunda» (N. del T.).

30 Conviene advertir que esta posición no tiene nada que ver con el concepto kantiano de autonomía del juicio ético, que significa independencia de todo condicionamiento determinado por la sensibilidad y la subjetividad, lo cual es garantía, para Kant, de una legislación universal conforme a la razón.

31 *Tractatus politicus,* II, 3-5. [V. trad. española de J. de Vargas y A. Zozava: *Obras completas,* ed. Acervo Cultural, 1977; vol. II, pp. 326 a 328.]

32 Acto I, escena 1.ª

juego, como sostiene Bobbio[33], el juicio de valor «lo que-es conforme a la naturaleza es bueno», sino que se constata una inevitabilidad, un determinismo naturalista sustraído en cuanto tal a toda valoración y, por tanto, un *mussen* y no un *sollen.* Por consiguiente, el acto gratuito acaba por ser el acto natural necesitado, al borde del mero impulso psicoanalítico. El subetivismo ético, en suma, no puede renunciar a justificar los propios juicios de valor so pena de dejar de ser ético.

33 *Giusnaturalismo,* cit., p. 173.

VI

La obligatoriedad del derecho positivo y el derecho natural

SUMARIO: 1. La justificación y la paridad de los sujetos. 2. El derecho positivo como derecho natural vigente. 3. Las formas típicas del derecho natural vigente.

1. La justificación y la paridad de los sujetos

En el punto en que nos encontramos es oportuno recapitular, en esquema sintético, los resultados alcanzados.

1) La justificación de las normas es indispensable para probar su obligatoriedad por dos razones: *a)* porque la norma atribuye una modalidad deóntica a un acto posible con preferencia a otros actos igualmente posibles; *b)* porque la propia norma constituye la posibilidad trascendental de la transgresión.
2) La justificación objetiva de las normas no debe limitarse a confirmar: *a)* ni la eficacia de las mismas (es decir, su observancia práctica generalizada); *b)* ni la eficacia de cualquier justificación (o sea, la aceptación generalizada de las normas).
3) La justificación objetiva de las normas debe satisfacer dos condiciones formales; *a)* ser válida para todos los miembros del mismo universo lógico; *b)* no remitir a ningún presupuesto injustificado o injustificable.
4) La justificación objetiva de las normas debe probar, incluso frente a argumentación en contrario: *a)* que el comportamiento prescrito es posible; *b)* que la atribución a tal comportamiento de una modalidad deóntica no es arbitraria o meramente subjetiva.
5) El carácter no arbitrario de tal atribución puede ser probado, o bien mediante la verificación de la relación funcional del comportamiento prescrito con: *a)* una situación existencial común pero particular (justificación relativa, *secundum quid); b)* la coexistencia humana (justificación funcional-estructural o absoluta, *simpliciter)-,* o bien puede probarse: *c)* mediante la comprobación de la atribución universal de la misma modalidad ética al comportamiento en cuestión.
6) La justificación objetiva, por tanto, hace a la norma obligatoria dentro del universo lógico considerado: *a)* relativamente obligatoria si éste consiste en un ámbito humano limitado: *b)* absolutamente obligatoria si el universo lógico es toda la humanidad.
7) La necesidad de justificación se impone tanto para las normas del derecho «natural» como para las del positivo. Para las primeras, porque su obligatoriedad no es *inmediatamente*

evidente, sino sólo demostrable mediante razonamiento; para las segundas, porque su obligatoriedad no es adecuadamente demostrable con argumentos meramente formales o fácticos.

* * *

Hasta aquí hemos examinado, ya las razones (lógicas y existenciales) por las que resulta indispensable la justificación de las normas, ya las condiciones que hacen posible una justificación objetiva, esto es, convincente según criterios de verdad. Ahora nos parece interesante poner de relieve, siquiera sea de modo sumario, el sentido humano implícito en la justificación o, dicho con otras palabras, qué concepción del hombre subyace en ella y la hace razonable.

Una primera consideración. Toda norma —y con mayor razón un ordenamiento jurídico y hasta el sistema todo de la juridicidad— no es sólo prescriptiva, sino que es también y sobre todo ordenadora; instaura un orden que no existía o concreta y asegura un orden que es impreciso. Pero el orden afecta, sincrónicamente, a una generalidad de personas (en cuanto establece clases de acciones obligatorias) y, diacrónicamente, a una serie de actos de una generalidad de personas. Mediante la justificación se muestra la *convenientia* para todos del orden establecido, no teniendo aquí el término *convenientia* el simple sentido moderno de *utilidad,* sino el significado etimológico, bastante más rico, de composición armónica de las partes componentes de un sistema coherente. Desde este punto de vista, la justificación implica la paridad substancial que existe por debajo de la diversidad empírica de los sujetos, puesto que pone de manifiesto que un orden de convivencia es *paritariamente* conveniente para todos. Pero hay más; tal paridad queda patente por la justificación mediante un discurso racional, con lo que se presupone —de modo implícito pero innegable— la paridad de los hombres en cuanto seres racionales. Una verdad obvia no es una verdad inútil en tiempos de irracionalismo y, en cualquier caso, es una verdad que subraya la pertenencia de la justificación a lo que es más esencialmente humano.

Una segunda consideración más específica. Toda norma, en cuanto se expresa a través de un enunciado lingüístico, implica el reconocimiento de que el destinatario tiene capacidad para comprenderla; pero no se trata sólo de la capacidad de entender el sentido de las palabras (el significado lingüístico) de la proposición, sino sobre todo de la capacidad de captar en ellas el sentido intencional: la prescriptividad. Bajo esta perspectiva, la norma, de por sí, supone el reconocimiento de la paridad entre legislador y destinatario en orden a la capacidad de inter-comunicación. La necesidad de la justificación pone después en evidencia —o, por mejor decir, especifica— esta paridad en el sentido de que aquello que para el legislador es un *deber ser* (es decir, adquirir deonticidad), tiene también que poder parecerlo tal al destinatario para que resulte obligatorio; de no ser así, la prescriptividad quedaría reducida a una pura modalidad lógico-lingüística o a un simple hecho material.

Nuevamente la justificación realza la paridad de los sujetos: ahora con ocasión del reconocimiento de la racionalidad, esto es, del fundamento racional de lo que es obligatorio. Por más que la posición del legislador sea jerárquicamente superior, en el plano empírico-funcional, a la del destinatario, ello no es suficiente para borrar esa paridad que, en el fondo, se da entre ellos.

En resumen: por las implicaciones señaladas, la justificación de las normas ofrece una confirmación empírica de la paridad ontológica de los hombres y muestra cómo la juridicidad —en cuanto obligatoriedad racional— presupone tal paridad y la confirma con su propio modo de ser.

2. EL DERECHO POSITIVO COMO DERECHO NATURAL VIGENTE

La necesidad de la justificación de las normas, la posibilidad de su validez objetiva sobre la base del criterio de la coexistencia y, por último, la paridad ontológica en ella implícita, permiten, a nuestro juicio, contemplar el viejo problema del derecho natural desde un punto de vista nuevo, tanto respecto de sus defensores como de sus detractores. Se trata de una idea que tiene su antecedente en una muy aguda intuición de Capograsi, según la cual el derecho positivo, considerado en su pofunda razón de ser, es derecho natural[1]. Aunque presente a lo largo de toda su obra, tal intuición no fue sin embargo desarrollada de modo sistemático, por lo que, desgraciadamente, no ha tenido el eco adecuado. Creemos que el discurso que venimos elaborando permite ahora explayarla.

En el capítulo IV, después de haber demostrado que el derecho natural no incurre, en cuanto a su *función,* en la falacia naturalista, dejamos a un lado la cuestión de si ese derecho, por su referencia a la naturaleza, implica tal falacia en cuanto a su propia esencia. Por tanto, al final del capítulo, quedaba en suspenso la determinación última de la relación del derecho natural con el positivo. Entendemos que ahora estamos en condiciones de dar respuesta a las dos cuestiones. Comencemos por la segunda.

Desde un punto de vista concreto —el de las fuentes—, todo el derecho, incluso el llamado «natural», es derecho *positivo,* en cuanto

---

1 Cfr. *Il problema fondamentale,* en *Opere* cit., vol. V, pp. 27-34.

siempre es *puesto* por los hombres, ya se trate del legislador formal, ya de la costumbre, de los jurisperitos o de los autores en sus consrucciones teóricas. En efecto, sólo metafóricamente —y toda metáfora es significativa y desorientadora al mismo tiempo— puede afirmarse que la naturaleza es un agente capaz de elegir una acción para calificarla deónticamente. La naturaleza está en el ámbito del ser (y del devenir), no del deber ser, presentando a la decisión del hombre una pluralidad amplísima de posibilidades (amplísima, pero no ilimitada, puesto que la naturaleza *es* algo, más allá de lo cual está el no ser, la nada). Desde esta perspectiva, la tradicional distinción entre los dos derechos basada en la diversidad de sus fuentes es equívoca o, por lo menos, resulta superficial.

Pero desde otro punto de vista igualmente concreto —el de la obligatoriedad, es decir, la esencia de lo jurídico— todo derecho, incluso el positivo, es *natural* en el sentido que en seguida precisaremos. En efecto, como hemos visto anteriormente, la pura y simple decisión u opción de conferir deonticidad a un determinado comportamiento no tiene capacidad para hacerlo obligatorio. Además, la mera coherencia formal de un ordenamiento, lo mismo que su simple existencia fáctica, ofrecen solamente una presunción de la obligatoriedad (o juridicidad) de las normas. No es que tratemos de devaluar la eficacia práctica de tal presunción; de hecho, en la gran mayoría de las situaciones es suficiente para determinar el sentimiento (o, más claramente, el convencimiento) de la obligatoriedad; pero en el terreno teórico una simple presunción está lejos de constituir un verdadero fundamento, siendo tan sólo la apariencia del mismo. En realidad, la prescripción es obligatoria cuando está justificada de modo objetivo, esto es, según un criterio asumible por todos los miembros del mismo universo lógico. Ahora bien, ya hemos visto que también el derecho positivo tiene necesidad de tal justificación para proponerse válidamente como obligatorio, o sea, para ser derecho en sentido propio. Por consiguiente, bajo este punto de vista substancial no hay diferencia alguna entre derecho positivo y derecho natural.

Pero, ¿por qué denominar *natural* (desde un punto de vista substancial) a todo el derecho? Es necesario aquí resolver la primera cuestión planteada hace poco: ¿qué significa el término «natural» añadido al sustantivo «derecho»? La respuesta no nos parece difícil y hasta se nos antoja banal. Si la justificación es un discurso racional (y no puede dejar de serlo), cuya verdad objetiva proviene de su correcta referencia a la coexistencia, que es la condición fundamental del existir del hombre, son estos *dos* elementos, *conjuntamente* (la razón que comprende a la coexistencia) los que nos llevan a determinar de manera ni metafísica ni ambigua en qué sentido el término «natural» sea legítimamente atribuible al derecho. Porque si se prescinde de tales elementos se sale del mundo de la intercomunicación y, por tanto, de la vida humana, cayendo al estrato de una vida subhumana (del *homo homini lupus*), o bien en el torvo mundo de la imaginación narcisista y fantasmagórica cuyo papel regresivo y mortífero puso de relieve Freud[2]. En tal hipótesis ya no tiene sentido hablar de «hombre», porque sus peculiaridades estructurales (su naturaleza) no son tenidas en cuenta. En consecuencia, no hay ninguna contradicción en decir que todo el derecho en sentido propio (o sea, justificado en su deonticidad y, por lo tanto, obligatorio) es natural y, al mismo tiempo, afirmar que es «puesto por los hombres», porque esto significa *puesto de modo humano*, esto es, según la razón que argumenta en relación con las condiciones de real posibilidad de la existencia humana.

Por tanto, el derecho formalmente puesto, en cuanto haya probado la obligatoriedad de las propias normas, puede ser denominado correctamente *derecho natural vigente*, expresión que en cierto momento provocó escándalo[3] pero que ahora, en el sentido del término «natural» que hemos precisado, creemos que no presenta ambigüedad ni dificultades insalvables. Con tal expresión, en efecto, no se pretende afirmar la vigencia de un mal definido derecho natural junto con o sobre el derecho positivo, sino que, al contrario, lo que se quiere decir es que el derecho positivo, cuando sea jurídico en sentido propio (esto es, obligatorio por la justificación de su deonticidad) es derecho natural. Privado de *esta* naturalidad, el «derecho» positivo es *magis iniquitas quam lex* según la famosa expresión que sintetiza la concepción clásica del derecho, confirmada por la conciencia común de todos los tiempos.

Adviértase que el derecho positivo (contenido en las leyes), entendido como derecho natural vigente, se sitúa como eslabón coherentemente intermedio entre el derecho natural *de lege ferenda*, admitido incluso por Bobbio aunque sea sólo en el orden ideológico —o el derecho natural de la *Rechtsjindung judicial*, propuesto por G. Barile— y el derecho natural *de lege interpretanda* al que se refiere Gorla. Como el derecho positivo comúnmente entendido se manifiesta esencialmente en los momentos inescindibles de la promulgación o de la averiguación (*Findung*) de la ley y de su interpretación, la «naturalidad» que hemos atribuido a cada uno de esos momentos pretende subrayar que los mismos adquieren carácter jurídico por el coherente desarrollo del procedimiento de justificación objetiva en términos de una razón que

---

2 *Cfr. P. Ventura: Freud e la giuridicità della coesistenza*, Milano, Giuffrè, 1979.

3 Así se tituló un conjunto de ensayos de varios autores, en el que se incluía el escrito antes citado de Capograssi, publicado por la Unión de Juristas Católicos Italianos, Roma, Studium, 1951.

reconoce la coexistencia. Por ello, no estimamos arriesgada la precedente afirmación de que *todo* el derecho es natural (desde el punto de vista y en el sentido precisados) o no es derecho.

3. LAS FORMAS TÍPICAS DEL DERECHO NATURAL VIGENTE

Un último punto debe ser aclarado. Por razones de simplicidad, en el capítulo anterior hemos hablado de la coexistencia en su significado generalísimo de condición fundamental (ontológico-estructural) del existir del hombre, es decir, de condición de la esencial relación interhumana universal. Sin embargo, en el plano de la experiencia vivida, la coexistencia no se manifiesta de un modo único y estático de vida auténtica sino que da lugar a formas coexistenciales diversas[4], que se distinguen por referencia a los parámetros tanto del espacio como del tiempo. En consecuencia, el derecho cuya propia naturalidad deriva de la veracidad de su justificación por ser funcional para la coexistencia, no consitituye un bloque uniforme y estático sino que se manifiesta en niveles distintos según las formas espaciales y temporales de coexistencia a las que se refiere. No hay, en suma, una única forma de derecho natural, como con frecuencia se ha creído. Veámoslo aunque de modo esquemático ya que los desarrollos del tema no son aquí indispensables y podrían llevamos muy lejos.

Con relación al espacio. Hay formas de coexistencia que, utilizando un término heideggeriano, pueden ser denominadas «regionales» porque delimitan relaciones humanas estructuradas, caracterizadas por la particularidad; por ejemplo, las formas de coexistencia familiar y política. Sería absurdo negarles auténtico carácter (así como relevancia) existencial; por consiguiente, al derecho justificado por su funcionalidad para la realización de estas formas particulares de coexistencia —en concreto, el derecho de los ordenamientos jurídicos— le conviene el nombre de *derecho natural particular*. Pero, además de esas, está la forma universal de la coexistencia de la que ya hemos hablado: la que hace posible la relación entre todo hombre más allá de cualquier diferencia particularizante (afectiva, social, étnica, cultural, etc) y, por tanto, contempla el existir del hombre como «co-existir» (*Mitsein)*\ constituye la misma el criterio de verdad por la justificación de un derecho al que conviene el nombre de *derecho natural universal.*

Con relación al tiempo. Las formas de coexistencia presentan, sin duda, aspectos determinados históricamente y, por lo tanto, mudables. No es necesario profesar el historicismo para reconocer la historicidad (la temporalidad, el *status viae*) del hombre; ya escribía San Agustín que

---

4 Para un tratamiento más amplio, cfr. nuestras *Prospettive* cit, parte K.

es conforme con la ley eterna el que las .leyes cambien puesto que varían en el tiempo las situaciones humanas[5]. Tal observación vale sobre todo para las formas regionales de coexistencia, dada su particularidad especialmente sujeta a mudanzas temporales; piénsese en cómo cambia el conocimiento acerca de los aspectos de la familia o del ente político. Pero ni siquiera la forma universal de coexistencia está exenta de mutaciones temporales: por ejemplo, frente al mensaje cristiano (y a sus expresiones filosóficas), el romanticismo y el historicismo han entendido la coexistencia universal no en términos de una directa relación ontológica inter-humana, sino a través de la mediación, considerada esencial, de las individualidades históricas de la «nación» o del «pueblo». Y este singular retorno a la «politicidad» (en el sentido aristotélico) del hombre está a su vez hoy en crisis por la planetización de las relaciones humanas. En estos casos es lícito hablar de derecho natural históricamente determinado o, más brevemente, de *derecho natural histórico.* Pero las formas regionales, y sobre todo la universal, presentan estructuras permanentes sin las que en modo alguno existirían aquéllas: en ningún tiempo histórico es posible un Estado sin leyes ni la coexistencia universal siendo lícito causar daño al inocente. Las normas justificadas por su funcionalidad respecto a tales estructuras permanentes constituyen, por tanto, el *derecho natural inmutable.*

Mas comoquiera que el espacio y el tiempo no son parámetros separables (como no sea en abstracto), sino que son las coordinadas gracias a las cuales se hace comprensible, en su concreción, la experiencia humana, el derecho natural (o justificado) se articula en los siguientes niveles efectivos: derecho natural particular-histórico; derecho natural particular-inmutable; derecho natural universal-histórico; derecho natural universal-inmutable. Los tres primeros constituyen el *derecho natural relativo* (en cuanto al espacio y/o el tiempo); el último, el *derecho natural absoluto,* que es el que corresponde a los requisitos fundamentales de la coexistencia sin los que no tiene sentido hablar de «hombre».

Así articulado, el derecho natural ya no se presenta como deducción de la *idea* apriorística del derecho y ni siquiera como un puro ideal, sino que expresa fielmente la dialéctica permanencia-cambio que es propia del derecho[6] como de toda experiencia humana. Por lo tanto, el derecho natural va penetrando integralmente en la concreción de la experiencia humana, con lo que pierde la abstracción que de ordinario

---

5 Cfr. *De libero arbitrio,* I, 6, 14-15.

6 De lo cual es sintomática expresión la dialéctica entre la legalidad, garantía de permanencia, y la equidad, garantía (justificada) de cambio: «virtud de mudanza» la define acertadamente F. D'Agostino en *La tradizione dell'epieikeia* cit, p. 294.

se le atribuye y que lo separaría del derecho positivo. Junto con éste (en el sentido de derecho natural vigente) viene en cambio a formar el sistema unitario de la juridicidad, entendida como sistema de comportamientos obligatorios justificados, a diferentes niveles, por una razón que investiga y reconoce las posibilidades reales —particulares y universales, históricas y culturales— del *Mitsein* humano. Es cierto, sin duda, que el derecho natural no es sancionable a todos sus niveles, aunque aparezca ya en parte aplicable por los jueces según las líneas (y los ejemplos) expuestas por G. Barile y Gorla. Pero éste es el desafío último y acaso constante del hombre: trabajar, desmintiendo la desconsolada constatación de Pascal, porque la justicia sea fuerte y la fuerza no pretenda ser justicia.

Concluyamos. La interpretación de la justificación expuesta en estas páginas intenta presentar una respuesta teórica al problema de la obligatoriedad de las normas que evite la solución empírico-pragmática del recurso a la inercia de la costumbre o a la fuerza de opresión. Sobre tal base, ofrece también una solución a la embrollada cuestión de la relación entre derecho natural y derecho positivo pretendiendo superar la oposición *positividad-naturalidad,* debida muchas veces a la incomprensión del sentido profundo e integral de la existencia real humana y, por tanto, de la experiencia jurídica. Se propone, en fin, un concepto unitario de dicha experiencia que expresa, en términos de obligatoriedad, la perenne tendencia del hombre a vivir, según razón, la propia condición ontológica coexistencial.

APÉNDICE

La coexistencia como fundamento ontológico del derecho*

Introducción

Los motivos esenciales que inducen a la búsqueda de un fundamento *ontológico* del derecho son reducibles esquemáticamente a dos. *Primero:* un comprensión integral del fenómeno jurídico hace inevitable la pregunta acerca de su fundamento, a la que no se sustraen ni siquiera las teorías *científicas* del derecho; en efecto, sólo en relación con el fundamento es posible determinar la *obligatoriedad* de la norma jurídica y, por tanto, su diferencia respecto de una mera imposición constrictiva. *Segundo:* las fundamentaciones *no* ontológicas resultan en definitiva inadecuadas para determinar la obligatoriedad de la norma jurídica.

Anteriormente[1] hemos discutido el tema de la relación entre obligatoriedad y justificación de la norma jurídica, tratando entonces, aunque sólo en parte, el segundo de los puntos que acabamos de enunciar. Procederemos en lo que sigue, de manera sumaria, a la crítica de las fundamentaciones no ontológicas, prestando mayor atención a la cuestión ontológica.

Las fundamentaciones no ontológicas pueden dividirse, *grosso modo,* en tres grupos, que pasamos a examinar.

1. Critica de las fundamentaciones no ontológicas

I. Las fundamentaciones empírico-fácticas

Son reconducibles, *in apicibus,* a tres.

1) Fundamentación en la *sanción,* es decir, en la efectiva estructura prescriptivo-sancionadora de las normas o, más moderna y generalmente, del ordenamiento jurídico en su globalidad (capacidad sancionadora del ordenamiento). Pero tal estructura: *a)* es también propia de las imposiciones constrictivas tanto individuales como colectivas (p.

---

* Este trabajo, aparecido en la *RIFD,* 1981, pp. 256-67, es una reelaboración más profunda de nuestra relación introductoria al Simposio internacional sobre «La fundamentación metafísica del derecho», que se celebró en la Universidad de Navarra los días 6 y 7 de febrero de 1981.

1 Cfr. cap. II.

ej., de una asociación para delinquir), sin que, por tanto, determine la especificidad ni de la norma ni del ordenamiento jurídico; *b)* remite a la fuerza y ésta no crea obligación sino necesidad.

2) Fundamentación en la *autoridad.* Tiende a eliminar los inconvenientes señalados en cuanto que distingue la fuerza legítima de la ilegítima, pero resulta una solución no definitiva y, por lo mismo, insatisfactoria. En efecto: *a)* si la autoridad se identifica integralmente con el *poder* (y carece de trascendencia que se añada «del Estado»), se cae bajo las objeciones precedentes; *b)* si la autoridad se define como *poder reconocido* (hipótesis en la que sí tiene sentido la referencia al Estado), habrá que preguntarse acerca del por qué del reconocimiento que da lugar a la autoridad como algo distinto del mero poder. Por consiguiente, la autoridad no es el fundamento real de la obligatoriedad de las normas, remitiendo a otro fundamento considerado como último; es el caso que a continuación veremos.

3) Fundamentación en la *voluntad general* (o del pueblo, o de la nación, o fórmulas semejantes), considerada como fundamento de la autoridad entendida en el sentido de la letra *b)* del punto precedente. Pero, dada la naturaleza típicamente metafórica de la expresión «voluntad general» (o similares), tal voluntad no es definible de modo adecuado. En efecto: *a)* o bien se afirma *ex post facto,* mediante el establecimiento de la propia norma que viene a constituir la prueba y determinación de la existencia real de la voluntad general (por lo demás, sólo *mayoritaria* y, por tanto, no general en el sentido de Rousseau o del idealismo) y entonces la norma resulta ser fundamento de sí misma (incurriéndose en un círculo vicioso); o bien se afirma a través de la obediencia empírica a la norma, que no es prueba suficiente sino simple presunción de la obligatoriedad de la norma; *b)* remite a la ideología del pueblo soberano o a la idea romántica de la nación, las cuales obligan únicamente a quienes las compartan y que, en cualquier caso, están hoy en crisis tanto por la presencia de la ideología de la revolución como por la dimensión planetaria de la existencia.

La ideología de la revolución, en efecto, implica ya la escisión del pueblo (o nación) en clases antagonistas, ya el rechazo de la continuidad de la historia nacional; ¿en qué sentido, por tanto, se puede hablar todavía de una voluntad vinculante del pueblo o de la nación? De otro lado, la dimensión planetaria de la existencia, difícilmente contestable, hace por lo menos discutible el valor último de la nación y de la correspondiente ideología.

II. Las fundamentaciones lógico-formales

Las reducimos a dos, ligadas de alguna manera a un primer nivel de las posiciones del llamado no-cognoscitivismo, cuyo principio fundamental es la negación de la inferencia serdeber ser (inferencia cognoscitivista).

1) Fundamentación en la *naturaleza lógica* de los enunciados en que se formulan las normas jurídicas. Tales enunciados son, en general, de naturaleza prescriptiva o deóntica (*ought-statements*) porque establecen un deber ser[2] dirigido a la libertad y a la voluntad del hombre; por tanto, la norma se diferencia claramente de los enunciados descriptivos o, más en general, alécicos o de ser (*is-statements*), relativos al ámbito de la actividad cognoscitiva.

Pero la naturaleza deóntica no puede, por sí sola, determinar la especificidad dentro de la categoría general de las prescripciones, en la que entran también sin duda las prescripciones meramente constrictivas, a las que no se puede atribuir sensatamente obligatoriedad; dicho de modo breve: si bien toda norma es una prescripción, no toda prescripción es una norma. Por consiguiente, la naturaleza lógica del enunciado normativo no es suficiente para fundamentar en ella la obligatoriedad.

2) Fundamentación en la *pertenencia formal* al ordenamiento. Con esta fundamentación se pretende obviar el inconveniente que acabamos de señalar: la deonticidad de la norma es requisito necesario pero no suficiente y lo que la determina en su especificidad de norma jurídica es la pertenencia formal a un ordenamiento. Pero ni siquiera esta solución parece válida por varias razones: *a)* si el ordenamiento se considera como un dato de hecho, ello comporta la inferencia ser-deber ser que antes se rechazaba; *b)* si el ordenamiento es considerado como expresión de la voluntad general, le afectarán las objeciones que a ésta se han formulado; *c)* si, para evitar la inferencia cognoscitivista, se hace derivar el ordenamiento de la *Grundnorm,* según la legítima inferencia norma-norma, se cae en un recurso *ad infinitum* porque la *Grundnorm* no puede ser el trascendental de las normas (como afirma Kelsen) al ser ella misma una norma[3] pues resultaría que era el trascendental de sí misma (círculo vicioso); *d)* si la *Grundnorm* es concebida como (o fundada en) un acto de voluntad —lo cual niega Kelsen correctamente, optando por la trascendentalidad—, entonces y puesto que tal acto es un hecho, se vuelve a caer en la negada inferencia ser-deber ser.

2 No consideramos las llamadas *normas constitutivas,* respecto de las cuales, por lo demás, son todavía menos satisfactorias las fundamentaciones no ontológicas.

3 La *Grundnorm* puede considerarse el límite *a quo* que una *ciencia* de los ordenamientos jurídicos positivos reconoce no poder traspasar; pero no puede constituir el límite de una investigación dirigida a comprender el derecho en general ni el fundamento de la obligatoriedad de las normas.

III. Fundamentación en los valores

Tal fundamentación trasciende el puro hecho, de por sí no vinculante, y el mero formalismo del ordenamiento, sustentado en el vacío como antes se vio. Esta tesis la comparten, aunque de modos distintos, las filosofías que profesan el no-cognoscitivismo y las filosofías cognoscitivistas.

1) El no-cognoscitivismo no se detiene en el análisis de los enunciados normativos sino que los trasciende. Para él, el derecho en general (es decir, tanto la norma como el ordenamiento) encuentra su fundamento último, de modo lógicamente correcto, en los valores, más allá de los cuales no es legítimo ir porque no se encontraría sino la esfera de los hechos, de los que no se pueden obtener enunciados deónticos sino sólo alécicos. Por el contrario, la inferencia valor-juicio de valor-norma no sale del campo del deber ser y transfiere legítimamente a las normas la fuerza vinculante de los valores.

Pero esta posición es insuficiente y contradictoria en razón de las siguientes consideraciones: *a)* si los valores y los correspondientes juicios de valor son considerados de origen subjetivo, dan lugar a normas que sólo son capaces de obligar a quien crea en esos valores o a quien los comparta, pero en este segundo caso no se ve claro cómo pueden ser compartidos, a menos que contengan algún elemento de objetividad, como precisamente ocurre en la teoría perelmaniana de la argumentación con su noción de «auditorio universal»; *b)* si los valores no son de origen puramente subjetivo sino que expresan una cierta cuasi-generalidad de apreciación, son tomados como una *realidad* histórico-sociológica y se colocan en el plano del ser y, por tanto, se incurre en la rechazada inferencia ser-deber ser; *c)* en uno y otro caso, no queda adecuadamente resuelta la cuestión de la naturaleza vinculante de los valores (*¿por qué* obligan?) que o bien se considera evidente o se asume de modo axiomático.

2) Las filosofías cognoscitivistas relevantes para nuestro problema son la Etica material de los valores (*Materiale Wertethik)* y el Neoiusnaturalismo de los últimos decenios. Ambos afrontan explícitamente la cuestión del origen de los valores intentando demostrar la objetividad de los mismos y explicar su naturaleza vinculante, de la que deriva la obligatoriedad de las normas. Pero, a nuestro juicio, no resuelven el tema de forma adecuada.

A) La Ética material de los valores (Scheler y Hartmann) parte de una extensión de los caracteres de la naturaleza específica del hombre: junto a la esfera de la razón está la del sentimiento. En esta segunda esfera, el valor se manifiesta como un apriori, pero no puramente lógico sino emocional, del sentimiento precisamente, como un «ser-devalor» dotado, por tanto, de objetividad concreta. El valor es percibido por *intuición* mediante un «órgano del valor» o un «sentimiento del valor», inherentes, como la razón, a la naturaleza humana. De ese modo se pretende, de un lado, sustraer el valor al formalismo abstracto de la razón práctica kantiana y de otro, resolver definitivamente el problema del fundamento de los valores, mostrando su condición originaria.

Mas si es correcto afirmar que el valor es un apriori respecto de. los juicios de valor y, por tanto, de las normas (apriori *secundum quid)* no lo es en cambio considerarlo un apriori *simpliciter,* esto es, no necesitado de ulterior fundamentación: tal apriorismo absoluto es solamente afirmado, pero afirmar no significa demostrar sino renunciar a la demostración. En efecto, se está en lo cierto cuando se asevera la *presencia* universal del sentimiento del valor y de los valores en el mundo humano, pero ese aserto es de orden óntico-fenoménico (por lo que no puede superar la crítica de Kant al «sentimiento moral»); por lo tanto, no llega a ser una explicación válida del fundamento de los valores (del *por qué* son) y de la raíz de su obligatoriedad. Su simple ser-presentes no basta para aclarar de dónde traen su origen el sentimiento del valor y el valor mismo, cuál es su *principium reddendae rationis.* ¿Por qué no podría ser la historia antes que la naturaleza (humana), tanto más cuanto que los valores se consideran, según la línea de pensamiento que comentamos, en su contenido material? Por eso, el carácter apriori de los valores se revela, en la Etica material, o extraído de la observación empírica (y entonces no se trata de un verdadero apriori) o simplemente afirmado. En ambos casos no sirve para demostrar de modo definitivo la objetiva naturaleza vinculante de los valores ni, por consiguiente, la obligatoriedad de las normas con ellos relacionadas.

B) El Neoiusnaturalismo pretende, a nuestro juicio con razón, sustraer los valores al ámbito de lo emocional —confirmando la crítica kantiana a los fines dictados por la sensibilidad (*Sinnlichkeit*)— para dar de ellos una explicación fundamentación que ni dependa de la contingencia y de la subjetividad de la sensibilidad ni sea puramente formal. En esa línea, el valor se entiende, con una explícita referencia ontológica, como fin propio de la naturaleza humana. Pero aquí se presentan dos clases de dificultad que invalidan la mencionada referencia ontológica.

Si el valor se *sobreañade* al ser del ente (a la naturaleza del hombre) determinando su fin, ello significa que aquél es externo de algún modo; o en el modo de la trascendencia real de los valores o en el modo fenoménico de su historicidad. Mas, en el primer caso, no se explica cómo el ser del ente pueda recibir valores realmente trascendentes y extraer de ellos la indicación del propio deber ser; afirmar que el ser del ente está «abierto al valor» no es más que una metáfora. En el segundo caso, puesto que los valores que se sobreañaden al ser del ente son valores *históricos,* los tales son hechos empíricamente contingentes, creados misteriosamente por ese ente misterioso (o mejor, por esa entificación) que es la Historia; por ello, con indepedencia de la objeción no-cognoscitivista, no están en condiciones de ofrecer más que una fundamentación empírica de la obligatoriedad de las normas, referida a situaciones contingentes y, por tanto, siempre discutible.

Si, por el contrario, se considera el valor como algo no externo sino *implicado* en el ser del ente como su propio fin, mostrándole el deber ser (según la tendencia dominante en el Neoiusnaturalismo), entonces es el deber ser lo que constituye la verdadera realidad del ser. Este, por tanto, o queda reducido a «idea» abstracta (según la observación crítica de Heidegger) a realizar mediante el deber ser, o viene a coincidir con la imperfección contingente de la existencia a la que se sobreañaden, no se sabe de dónde, el valor y el deber ser.

Como se ve, sobre la afirmada dimensión ontológica prevalece la teleológico-axiológica, cuyo origen (¿por qué el ser del ente tiene un fin?) queda sin embargo sin aclararse. Consiguiendo con ello que no quede tampoco aclarado ni el derecho ni, por consiguiente, la razón de su obligatoriedad.

2. LÍNEAS DE UNA FUNDAMENTACIÓN ONTOLÓGICA

Por fundamentación ontológica del deber ser —y, por tanto, del derecho— no entendemos una deducción del *contenido* de los deberes, y de las normas, a partir de la naturaleza humana al modo de la ética y del iusnaturalismo racionalistas sino la determinación del *por qué* en el hombre, y sólo en el hombre, es decir, en una específica clase de entes, se da la ineludible dimensión del deber ser.

En las fundamentaciones que hemos examinado, tal determinación o falta del todo o es inadecuada, no concluye. Para delimitarla creemos que es necesario tomar en consideración no ya la relación directa entre ser y deber ser sino la triple relación ser-existencia-deber ser. Ciertamente (y no es ningún descubrimiento), sin la mediación de la existencia —esto es, de una condición que no coincide con el ser del ente y que, sin embargo, no le es extraña— no tiene sentido relacionar el deber ser con el ser: aquél sería ajeno a éste o no sería sino su desarrollo naturalista: necesitado, pero no vinculante u obligatorio.

IV. LA EXISTENCIA, ENTRE EL SER Y EL DEBER SER

De conformidad con Kierkegaard y Heidegger (pero también con el pensamiento cristiano, particularmente el de San Agustín), la existencia puede definirse de modo sintético como vivir la posibilidad; lo cual implica que el ente toma conciencia de sí mismo, en primer lugar, como aquel que tiene posibilidad. Aquí aparecen en seguida la pertenencia de la existencia al ser del ente y, a la vez, su diferencia. A) La *pertenencia:* las posibilidades existenciales del ente no pueden provenir sino de la potencialidad del ser mismo del ente; «toda mutación presupone siempre alguna cosa», según clásica expresión de Kierkeggard[4]. Por otra parte, es un ser que es realidad y no mera idea porque es la condición real del poder ser, es decir, el fundamento de la existencia. B) La *diferencia:* tener una posibilidad implica que el ser del ente no se agota en su hacerse presente como ser-dado, implica una *no* completez del ser del ente, *«un certain manque d'actualité»* dice Gilson sintetizando la posición a propósito de la metafísica cristiana[5]. Así también Kierkeggard: «un ser tal que a la vez es no ser, es posibilidad»[6].

La presencia conjunta tanto de la pertenencia como de la diferencia —iluminadas ambas por la presencia de la posibilidad— explica la estructura compleja de la existencia, que nunca es sin el ser (olvidado por el puro fenomenismo) y siempre es más allá del ser dado (en lo que permanece firme el puro naturalismo). De ahí se deduce el dinamismo dialéctico de la existencia, que tiende a actualizar las posibilidades implícitas en el ser para llevarlo a plenitud.

Esta dialecticidad dinámica de la existencia nos revela la estructura ontológica del ente y se revela fundada en ella. Puede definirse tal estructura —conforme a una línea de pensamiento que va desde San Agustín a Kierkeggard y a Husserl— como *dualidad de finito-infinito.* Finito porque el ente es particular y contingente y, por tanto, su capacidad de advertir y actualizar las posibilidades implícitas en el ser (propio) es limitada, incluso temporalmente. Infinito porque la conciencia de la propia finitud implica haber trascendido su particularidad y contingencia: no se puede pensar lo finito sin lo infinito y este pensar lo infinito es una capacidad real del ser del ente[7]. Esta estructura real da razón de la no completez del ser, de su ser fuente de posibilidad y de la

---

4 Cfr. *Briciole di filosofía,* en *Opere,* ed. de C. Fabro, Florencia,

5 Cfr. *L'esprit de la philosophie médievale,* París, Vrin, 1948, p. 68. [Hay trad. española: *El espíritu de la filosofía medieval,* Madrid, Rialp, 1981; p. 70 *in fine.]*

6 Cfr. *Bricole,* loc. cit.; pero v. también *El concepto de la angustia* [trad. española de J. Gaos, Madrid, «Revista de Occidente», 1930; el pasaje citado en la p. 133]: «el hombre... *es una síntesis de tiempo y de eternidad».*

7 Medítese esta penetrante observación de J. L. Borges sobre el lenguaje: «en los lenguajes humanos no hay proposición que no implique el universo entero: decir *el tigre* es decir los tigres que lo engendraron, los ciervos y tortugas que devoró, el pasto de que se alimentaron los ciervos, la tierra que fue madre del pasto, el cielo que dio luz a la tierra... en el lenguaje de un dios toda palabra enunciaría esta infinita concatenación de hechos y no de modo implícito sino explícito, no de modo progresivo sino inmediato» *(El Aleph, la escritura del dios,* en *Obras completas,* Buenos Aires. Emecé, 1974, pp. 597-98).

dinamicidad dialéctica de la existencia; y determina la diferencia ontológica que caracteriza al ente hombre y, por lo tanto, es intrascendible.

Por tanto, la conciencia —que en un primer nivel de autorreflexión es conciencia de la posibilidad— se revela, en un nivel más profundo, conciencia de la particularidad y contingencia como carencia del ser por el lado del infinito y por ello como necesidad de ser en la dirección del infinito. El valor es aquello que la conciencia reconoce como lo que es capaz de satisfacer la carencia-necesidad del ser. Es, pues, lo que tiene origen en el ser del ente y le es exigido porque alcanza la propia plenitud, poniendo en acto las posibilidades que le son propias; poniéndolas en acto *realmente,* esto es, en el cuadro intrascendible de su estructura dual. Pero, puesto que la posibilidad es por su naturaleza (y designa) lo que puede ser actuado o no, el valor implica el deber ser, que más precisamente es entendido como *deber de ser:* la norma de la realización de sí mismo del ente en la síntesis dialéctica finito-infinito.

V. EXISTENCIA Y COEXISTENCIA

Cuanto hasta aquí se ha dicho está orientado a aclarar la dialéctica de la existencia entre ser y deber ser, que no es propia de un individuo «único», cuya existencia aislada no es ni real ni pensable. Parece ciertamente obvio que la estructura dual del finito-infinito —por la que se determina la diferencia ontológica— sea propia de una multiplicidad de individuos. En efecto, la más elemental e introvertible observación empírica nos muestra que nuestro fenoménico «existir» *(Dasein)* es un «coexistir» *(Mit-dasein).* Pero un análisis fenomenológico al uso de Husserl va más allá: pone de manifiesto que la reflexión del yo sobre sí mismo trae consigo el reconocimiento de la presencia de un otro que es un *alter ego,* un «como yo»[8]; reconocimiento que es recíproco y por ello impide pensar al otro como pura representación del yo, como su proyección. El *otro* tiene las mismas capacidades del *yo,* es decir, tiene la misma estructura ontológica: 'ésta es *común.* Por tanto, el «coexistir» fenoménico es expresión de una paridad ontológica. De donde se deduce que en todos los hombres se hace presente el valor en el sentido más arriba indicado y, por tanto, el deber ser como deber de ser.

Sin embargo, ¿puede la pariedad ontológica expresar solamente (y, por tanto, legitimar) un co-existir como simple *existir juntos* en la separación o la indiferencia o, por decirlo con Heidegger, un «ser-juntos público»[9] en lo exterior? Una superficial observación empírica permi-

---

8 Cfr. *Meditaciones cartesianas,* V meditación, en particular pp. 167-185 de la trad. española de J. Gaos y M. García Baró, Fondo de Cultura Económica, 1985.

9 Cfr. *El Ser y el Tiempo,* p. 400 de la trad. española cit.

te responder que no, porque demuestra la insuprimible racionalidad de los individuos: vida por vida, vida con vida, en toda la amplitud (biopsíquica, activa, cultura, etc.) del término «vida». La reflexión ontológica aclara y confirma el dato empírico: por su finitud, los entes duales no sólo no pueden negarse recíprocamente sino que ni siquiera pueden prescindir el uno del otro; comunicación y comprensión recíprocas son los cauces posibles para su común participación en lo infinito, sin la que no se entiende cómo podrían comprenderse entes integralmente finitos. Por lo demás, la comunicación-comprensión recíproca se manifiesta insuprimible también por otro camino; en efecto, si llegara a faltar todo individuo sería inducido a absolutizarse a sí mismo considerando como infinita la propia finitud, lo que contradice no sólo la lógica sino también la condición ontológica del hombre.

Por tanto, el «co-existir» es la expresión óntico-fenoménica de la *relación de aceptación recíproca* implícita en la carencia-necesidad de ser del ente y en la estructura ontológica dual. Designamos tal relación con el término *coexistencia,* que es condición fundamental e intrascendible para que la exigencia individual corresponda al ser del ente, porque sólo conociéndose y realizándose como coexistente se puede alcanzar un integral conocimiento y realización de sí mismo (exigidos por la diferencia entre ser y existir).

VI. La coexistencia como criterio del deber ser

Hemos venido considerando una necesidad ontológica fundamental el conocimiento-realización de sí como coexistencia. Sin embargo, la misma no significa un proceso determinista que se desarrolle de modo automático, uniforme y sincrónico en todo individuo y entre todos los individuos. En efecto, la finitud propia del hombre (de manera no del todo trascendible) hace que la real capacidad individual —tanto de comprender y acoger al otro como de interpretar y realizar la solicitación interior del infinito— sea limitada, particular y contingente, aunque no llegue a faltar totalmente. Por tanto, la relación interindividual es de hecho, en el plano óntico, con gran frecuencia asimétrica y discordante, por lo que produce incomprensión y alienidad entre los existentes tanto por parte de la sensibilidad como del intelecto, dando origen al conflicto: el «co-existir», vivido en su pura onticidad, es conflictivo.

No obstante, incluso el conflicto testimonia lo absurdo de la separación y de la intrascendibilidad de la relación porque él mismo es una relación: la relación de oposición. Pero la relación de oposición no va más allá de la contingencia pues, aun cuando se considere *en si,* no es nunca *en sí y por sí* (empleando terminología de Hegel), en cuanto que no es fin en sí misma sino que lleva en sí como su fin (y como su término) la relación de dominio. Pero si la relación de dominio fuese elevada a supremo criterio hermenéutico de la existencia y regulador del «co-existir» conflictivo reduciría al hombre (tanto al dominador como al dominado) a su pura finitud, ya que haría insuperable la incomprensión e imposible el acogimiento, privando por tanto al hombre de su estatuto ontológico y degradándolo a la condición de cosa. Desde ese punto de vista —y aún dentro de los límites de su dimensión fenomenologica— sigue sin superarse el análisis hegeliano de la relación siervoseñor.

Por ello, la coexistencia (en el sentido indicado), en cuanto está implicada en la necesidad ontológica fundamental del ente dual, es el *principio reddendae rationis* de la realidad óntica de los diversos tipos de relación intrahumana e intersubjetiva (de amistad, económica, jurídica, política, moral), lo que permite comprender la estructura propia de cada uno de esos tipos como respuesta específica a la necesidad ontológica. Pero por eso mismo (por la ya indicada relación necesidad-valor), la coexistencia es el fundamental criterio de valor de la constitución y desarrollo empíricos de tales relaciones, pues permite juzgar de modo *objetivo* (es decir, con validez universalmente comprensible y controlable) la correspondencia —más o menos amplia y más o menos profunda— entre los modos de realizar el acogimiento recíproco con la necesidad de «quitar» (en sentido hegeliano) la defectividad del ser del ente; o sea, de satisfacer la necesidad ontológica de coexistencia.

VII. COEXISTENCIA Y DERECHO

Por todo lo dicho, la coexistencia aparece como el criterio último de determinación del deber ser de toda posible relación intrahumana; y, por consiguiente, también del derecho[10]. Por lo demás, éste —en su misma realidad empírica de norma que establece la posibilidad de acuerdo y de regularidad sincrónica y diacrónica en las relaciones intersubjetivas— pone bien de manifiesto que el fundamento de su realidad empírica es la coexistencia. En ella encuentra el derecho el criterio axiológico capaz de justificar en última instancia sus normas y hacerlas así obligatorias, sustrayéndolas al arbitrio de la voluntad y del poder o al vacío de una legalidad puramente formal.

Por otra parte, el derecho está en condiciones de expresar la coexistencia (y, por tanto, de conformarse a su propio fundamento) tan pronto Como se adecúe a la justicia, que es la condición trascendental para que la norma corresponda a su concepto o bien sea universal y universalmente respetable, como Kant afirmó de la ley. La justicia, en

10 Sobre esto, v., con mayor amplitud nuestra obra *Prospettive di filosofia del diritto,* Torino, GIAPPICHELLI, 1973 (3.ª ed.), parte II.

efecto, implica la paridad ontológica de los sujetos, la simetría de sus derechos y deberes, la correspondencia entre aquéllos y éstos, la proporcionalidad entre méritos y deméritos de la acción, la imparcialidad del juicio. En suma, la justicia da a cada uno lo suyo y no daña a nadie en el orden y según la medida de la coexistencia universal. Concluyendo: la coexistencia es el fundamento ontológico del derecho y el criterio de justificación objetiva de los diferentes ordenamientos y normas, a los que confiere (o niega) legitimidad.

Justificación y Obligatoriedad de las normas,
de Sergio Cotta,
se imprimió en la República Argentina en
julio de 2019.

Made in the USA
Monee, IL
09 October 2026

65315265R00076